開国前夜、日欧をつないだのは漢字だった

Kanji-Mediated Encounters: The Linguistic Bridge between Europe and Japan on the Eve of its Opening

東西交流と日本語との出会い

小川誉子美 著

ひつじ書房

はじめに

はるか遠方の接触もできない異国の言語を学び、文法書を書くということは可能だろうか。こんな問いに対し、現代の私たちはこう考えるだろう。強靭な意思があっても無理、ましてや、その言語を使う場がなければ、その好奇心は長続きしないし、できたとしても中途半端なものになるだろうと。ましてや西洋語を母語とする人々が、中国語と日本語を学び両言語の文章理解のための文典を作成するのは不可能、できたとしても奇跡以外の何物でもないと考えるのが一般的ではないだろうか。

しかし、日本との人的交流がない時代のヨーロッパで、それをやってのけた人々がいた。私は、彼らがどのようにしてそれを可能にしたのか知りたいと思った。そうした彼らの「奇跡」をたどるべく、書物を渉猟していくうちに、あるキーワードに出会った。それは、中国人、中国語・漢字であった。

今まで光をあてられることのなかった事実に光をあて、西洋人の日本語学習の歴史に、中国を位置付けてみようと考えた。西洋、中国、日本の三者がおりなす関係は、黎明期の日欧交流の実相をあらたな面から照らし出してくれるのではないか。そこから、近代における日本研究の舞台裏をあきらかにしてみたい。また、その中国、中国語・漢字を内包する西洋の日本研究の歴史をさぐるにあたり、まず、西洋の人々が中国語という異質な言語と出会ったとき、どう向き合ったのか、その経験は、一九世紀の日本語研究に活かされたのか、一方、日本の西洋語研究も長足の進歩を遂げたが、西洋の試みと共通点はあったのか、日欧双方の史実に踏み込んでみたい。

時代の大きなうねりの中で、異質な言語、文化が出会い、相互の文化研究が始まる。相手を知るには、言語の研究は最重要課題であった。懸命な取り組みが優れた文典や辞書をもたらし、学者が誕生した。しかし、直接接触がないのに、どのように実現したのだろうか。こうした問の答えを求めながら、内外の研究成果を渉猟し続けた。本書はそれに対する答えである。

導入として、まず、大航海時代にさかのぼる。はるばる西洋からやってきて日本語研究の金字塔を打ち立てたのは宣教師だった。宣教師たちは日本布教の中でどのような中国像を抱き、中国の人々は彼らの目的にどう関わったのか（第一章）、中国へ渡った宣教師たちは中国語学習や中国文明の翻訳にどう取り組み、それはヨーロッパに何をもたらしたのか（第二章）について紹介する。いよいよ開国前夜に時代を移す。イギリスやフランスは中国語や日本語の学習基盤をどのように築いていったのか（第三章）、黒船来航の舞台裏でアメリカは言語面でどのような対策を講じたのか、日本では西洋語の辞書作成の舞台裏でどのような工夫があったのか（第四章）、西洋に誕生した日本学の始祖たちはどのように日本語の語学書を作成していったのか（第五章）についてメディエーター、サブチャンネルをキーワードにひも解いていきたい。

前作『蚕と戦争と日本語―欧米の日本理解はこうして始まった』では、西洋人の日本語学習を彼らの戦略を軸に描いたが、本書はどのように学んだかという点に焦点をあてるものである。

目次

第二章　在華宣教師が学んだ中国の言葉と中国文明　29

第三章　開国前夜の英・仏の中国語・日本語学習　69

第四章　日米交渉と日本の近代学問　97

第一章　日欧の出会いと中国

一　ジパングの言語

ヨーロッパの人々のアジア観に影響を与えた『東方見聞録』は、マルコ・ポーロの東方旅行（一二七一〜一二九五）をもとにつづった冒険譚であり、日本が初めてヨーロッパに紹介されたことでも知られている。この書に記されたジパング伝説は、当時のユーラシア大陸で活動していたイスラム商人やイスラム社会の役人たちが語る噂話をマルコ・ポーロが中国で伝え聞いたものだという。

英語の「ジャパン」は、ジパングを起源とし、ジパングという発音は、中国語の近古音（中世の中国語で発音した音）で「日本国」を発音したものが語源というから、現在の日本の国名、ジャパン、ジャポン、ヤーパン、ヤポーニア、ヤパニ、ハポンなどいずれも、この中国語の近古音を起源としているということになる。

ジパング伝説には、黄金や宝石、香辛料、偶像崇拝者など冒険家を駆り立てる素材とともに、人食い人種説など恐怖心を植え付ける伝説もちりばめられている。こうした話題性に満ちた物語の起源については、多くの研究が行われているが、本書が注目したいのは、次の部分である。

ジパングの言葉では、チナと呼ぶが、これはマンジ（モンゴル支配時代の南中国をさす）のことである。

マルコ・ポーロ『東方見聞録』愛宕松男（訳）二〇〇〇年

ジパングが、固有の言語を持つことも記されているのだ。

ヨーロッパには、古くから、太陽がのぼる東の果てには、地上の楽園や黄金郷があるという伝説があった。未知のアジアの地理、社会、習俗を紹介する『東方見聞録』は、各国語に翻訳され、当時の人々に大きな影響を与えた。クリストファー・コロンブスはその影響を受けた一人である。地球球体説を確信するコロンブスに、インド航路の開拓に向かわせたのは、イスラム商人やヨーロッパの地理学者、天文学者らの情報であった。コロンブスと同時代の地理学者で、ニュールンベルグ出身のマーティン・ベハイムは、現存する最古の地球儀（一四九二年）を制作したことで知られている。ちなみに、ベハイムは、太陽の高度で緯度を図る方法を確立するための数学委員会の一人であり、科学的知識を有し、航海者に推挙されたこともあるほどの人物である。さて、彼の地球儀には、当時広く知られていたトスカネリの世界地図と同じく、ヨーロッパの西には、アメリカ大陸はなく、中国やジパングが描かれている。ベハイムの地球儀はそれだけではない。その土地についての説明が細かい字で記され、ジパングについては、黄金伝説以外に、「ジパング島は王と自身の言葉を持っている」ことも記されている。未知の土地を紹介するのに、言語に関する情報も、冒険家に必要だったのだろう。ジパングに関心のある人には、黄金伝説とともに固有の言語を持つこともはっきりと記憶に刻まれたに違いない。

二　日欧の出会い、鉄砲伝来の立役者は？

ジパング島にヨーロッパ人が足を踏み入れるのは、その二五〇年後の一五四三年、ポルトガル人を乗せた船が種子島に漂着した「鉄砲伝来」まで待たなければならない。すなわち、鉄砲がもたらした西洋と日本の初めての邂逅は、「漂着」であり、これまでの冒険家のように、用意周到に目的地をめざした航海ではなかった。このとき、ポルトガル人は、種子島の人々に、どのように意思を伝えたのだろうか。

ポルトガル人が乗ってきた漂着船は、明の倭寇が所有する船であった。また、このときの鉄砲はポルトガルで作られたものではなく、当時ポルトガルの支配下にあったマラッカ王国で作られた銃であった。船主は「大明儒生五峯」と名乗っていたが、実はこの人物、本名を王直という倭寇の大頭目だった。このとき種子島の領主、種子島時尭《たねがしまときたか》は、この王直と砂の上に書いた漢字による筆談によって意思疎通を図ったのであった。

二挺の火縄銃をもたらした三人のポルトガル人たちは、何らかの理由からシャム王国のアユタヤでポルトガル船からの脱走を図り、王直に拾われたのであった。一方、王直は、その後、佐賀に屋敷を持ち、密貿易を行うようになる。海禁政策をとっていた明で銀が不足し、これを日本からの輸入で補っていた。日本には明の禁制品である硝石などを輸出していた。この硝石こそ、硫黄とともに火縄銃の火薬に必要な材料であり、日本では産出されない物質であった。ポルトガル人たちが持ち込んだ銃は、倭寇にとって、戦国日本に火薬製造に不可欠な硝石を売り込む大きな商機でもあったのである。

「鉄砲伝来」とは、ポルトガル人が本国から船でやってきて、火縄銃を「伝えた」のではなく、脱走したポルトガル人を乗船させた倭寇が、種子島の人々と意思疎通をはかり、取引を成立させたという出来事であった。すなわち、ヨーロッパと日本との初めての出会いは、マラッカで製造した「銃」を媒介とし、そのときの意思疎通は、密貿易を行っていた儒者でもある中国人と筆談で行われたのであった。

さて、エンリケ王子によってすすめられたポルトガルの海洋戦略は、アフリカ最南端から、インド洋に出てアジアに進出すると、インドやマラッカを支配下に置き、次々と交易の拠点を築いていった。こうして、ヨーロッパの最西端にあるポルトガルから、ユーラシア大陸の東端、さらにその東にあるジパングに到達するのである。日本に関する情報は、到達前に、地理書『東方諸国記』(一五一五)に記されていた。「鉄砲伝来」の二八年前のことである。この書は、一五一一年ポルトガル人が占領したマラッカで、翌年到着したトメ・ピレスが著したものである。ジパング島は、この中で「ジャンポン島」と呼ばれた。

全六部からなるこの書の中の「第四部　シナからボルネオにいたる諸国」の「二．琉球、日本」、「ジャンポン島」という項目は、次のように始まる。

すべてのシナ人のいうことによると、ジャンポン島はレキオ（琉球）人の島々よりも大きい。国王はより強力で偉大であり、商業には熱心でない。その国民もそうである。国王は異教徒で、シナの国王の臣下である。かれらがシナにおいて取引をするのはごく希であるが、それは遠く離れていることと、かれらがジャンクを持たず、また海洋国民ではないからである。

トメ・ピレスの記述も、中国人からの伝聞として記されている。その内容は、マラッカ王国とも交易をしていた琉球に関する説明は詳しく、日本については中国人の語る情報として短く添えられている。

この『東方諸国記』は、海のシルクロードを渡ってアジアを紹介する地誌であるが、トメ・ピレスは、世界はポルトガルのものであり、自分たちのアジア進出はアジア征服以外の何ものでもないこと、その事業はイエス・キリストの名において行われ、カトリック教を昂揚させ、イスラム教を滅ぼすことにあるとし、この書が紹介するエジプトから中国に至る地域は、ポルトガル王の征服の対象となると記している。すなわち、この書は、征服対象国の一覧であった。

さて、日本での体験に基づいた報告書が記されるようになるのは、その三〇年後のことである。一五四六年、ポルトガル人の商人ジョルジュ・アルバレスが九州の薩摩に上陸し、その経験をもとに『日本報告』（一五四七）を著した。半年ほどの自らの体験に基づくこの書は、中国人からの伝聞であった『東方諸国記』より格段に豊かな内容になっている。地理や風土、衣・食・住、社会生活、風俗、習慣、日本人の気質のほかに、言語についての記述もある。ここでも、日本人は中国の書籍を多く持っていること、中国人と筆談によって意思疎通を図ること、そして、最後には次のように記している。

都から私たちによって発見された地域に至る、この国の全土において、一カ国語しか存在しない。

高瀬弘一郎「古文献に拠る日本ポルトガル交流史」一九九八年

初の「日本見聞録」においても、日本における言語の数に注意が払われているのである。これまで日本に関する情報は、中国人を参照先としていたが、日本との直接接触が始まると、日本語研究が始まり、中国人を経由する必要がなくなるのである。

三　イエズス会の方針、まず日本語を学ぼう！

西洋人が日本語の知識を必要とし、日本語辞書や学習書を作成するようになるのは、一六世紀の半ば頃である。日本にやってきた西洋の商人たちは日本情報をヨーロッパに伝えることはあったが、日本語辞典や学習書を編むことはなかった。それに着手したのは、来日宣教師たちである。彼らは日本語を身につけ、語学書の作成に熱心に取り組んだ。この作業は、中国人を媒介としたり、中国経験にもとづいたりして行ったものではなかった。本章前半とは逆に、日本での布教経験が、中国での布教活動にどのような影響を与えたかについて本章の最後に紹介したい。まずは、そもそもなぜ宣教師がヨーロッパから見て東の果てに位置する日本までやってきたのか、彼らはなぜ日本語学習を重視したのか、その経緯とともに、当時の語学書や教師や学習成果について紹介したい。

三・一　ザビエルの決意で始まる日本語学習

一六世紀のヨーロッパで宗教改革が起こると、権威を失いつつあったローマ・カトリック教会は、イエズス会を創設し、世界各地への布教によって勢力の挽回をはかろうと、宣教師を各地へ伝道に向かわせた。アジアの布教活動は、南インドのゴアや東南アジアのマラッカなど、ポルトガルがすでに築いていた交易の拠点を中心に行われるようになった。ポルトガル王の命で海外布教を行っていたフランシスコ・ザビエル（一五〇六～一五五二）が、鹿児島に上陸したのもほぼ同時期であった。宣教師たちは南蛮貿易の仲介をし、この経済活動によって布教のための資金を得ていた。インドでもモルッカ諸島でも大きな成果をあげられなかったザビエルは、マラッカでポルトガル語を話す日本人のお尋ね者、ヤジロウ（アンジロウとも）と出会ったことがきっかけで日本に関心を持つようになったという。ヤジロウの語る日本に深い感銘を受けたことで日本布教を決意し、彼を水先案内に鹿児島にたどりつく。彼との問答の一部を紹介しよう。

私はアンヘロ（ヤジロウのこと）に向かって、もし私が彼と共に日本へ行ったら、日本人は果たして信者になるであろうかどうかを尋ねてみた。彼の答えるところによると、日本人はすぐに信者になることはないであろうけれども、まず初めに多数の質問をするだろう、それから、私の答えと、私にどれ程の知恵があるかを研究する。そして、何よりも私の生活が、私の教えるところと一致しているかどうかを検討するであろう。つまり討論において、私が、彼らの質問に満足な答えを与えるとともに、私の生活ぶりに非難する点がないということの二つのことに及第すれば、おそらくこんな試験期が半年ほどつづいた後、国王をはじめ、武士も思慮のある凡ての人たちもキリストへの信仰を表明するようになるであろうという。アンヘロの言葉によると、日本人は、理性のみに導かれる国民だという。

（一五四八年一月二〇日の書簡）
『聖フランシスコ・デ・サビエル書簡抄（上）』一九四九年

ちなみに、中国との関係で言えば、ザビエル一行が乗船した船はポルトガル船ではなく中国船であり、ラドロン（盗賊）という名の中国人倭寇の船であった。手配をしたのは、バスコ・ダ・ガマの息子シルバである。彼は当初、ポルトガル人の船でザビエルらを日本へ送ることを考えていたが、ポルトガル商人は、日本へ行く前に、利益の確かな中国に寄港しようとし、危険のともなう利益が不確定な日本への直行を拒んだという。そのため、シルバは、マラッカを根拠地としている中国人に強制し、中国人の妻と財産を担保にしてザビエル一行の日本行を実現させたという。つまり、「鉄砲」で日欧の交流を開いたポルトガル人も日本布教をめざすザビエルも、ポルトガル船ではなく、中国人の船で日本にやってきたのであった。

さて、なぜ、宣教師たちは現地の言葉である日本語を学んだのだろうか。それはザビエルの布教方針にあった。ヨーロッパ式を押し通すのではなく、布教地の慣習を熟知し、これに順応することに専心しなければ十分な成果を上げることはできないという考え方で、適応主義と呼ばれる方策であった。このために、布教地の言語の習得に全力で取り組んだ。

日本布教をめざす宣教師たちは、民衆の告解を地域の言葉で聴いて説教をし、また、仏教が根付く日本では、僧侶たちと論争を交わし、キリスト教の優位性を説く必要があった。貿易と抱き合わせに布教を行うイエズス会は、両者の拡大にあたり、各地の大名との交渉とともに、将軍との謁見も必要であると考えた。このため、宣教師は日本語を全力で学び、日本人の仏教や慣習、日本の社会の構造や文化に関する知識を獲得していった。そうして、支配階級の改宗を行い、その領民への改宗を促すという方法で信者を獲得していくのである。ザビエルのこの方策は、ヴァリニャーノに引き継がれ、また、マテオ・リッチもこれを基本方針として中国宣教にあたった。

三・二　仏僧からクリスチャンに、ヴァリニャーノの方策と教師たち

一五七〇年、日本布教長としてフランシスコ・カブラル（一五二九〜一六〇九）が来日するが、彼の方針は異なった。カブラルは適応主義と真っ向から対立する方法をとり、宣教師が日本にあわせるのではなくヨーロッパ式を貫くべきという考えのもと、宣教師の日本語学習も日本人信徒のラテン語やポルトガル語学習も認めず、ローマに日本は布教に適さない土地であると報告した。日本布教が危機的状況に陥る中、派遣されたのが、一五七九年、東インド管区巡察師として来日したアレッサンドロ・ヴァリニャーノ（一五三九〜一六〇六）であった。ヴァリニャーノは、信仰心が厚く、豊かな学識と非凡な外交手腕を発揮し、日本社会、文化、思想などあらゆる面で見識を深め、徹底した適応主義を主張した。日本社会を細部にわたり観察し、日本で権威や尊厳を獲得し、キリシタンが信頼を得るための方策を実践した。そのためには、まず、日本の階層社会の実態を研究し、仏教僧侶の身分に着目した。京都五山

の制度に範をとり、位階の名称をキリスト教にも採用したのである。仏教の礼法に従い、位階や振る舞いを徹底的に踏襲することで、日本社会における宗教家としての地位獲得をめざしていった。日本では、仏教の礼法に従って振る舞わなければ宗教家として認められないと心得ていたからである。

さらに、重視したのは教育、すなわち人材の育成である。修道士の養成のために、コレジオ、セミナリオ、ノビシアードといった神学校を建設し、また、二回目の来日の際には、活版印刷機を持ち込み、教義書や語学書を印刷した。一連の印刷物は、キリシタン版と称され、キリスト教の教義書をはじめ、日本語やラテン語、ポルトガル語による辞書や学習書などの語学書が次々と印刷されていった。中には、宣教師と日本人信徒がともに学べるよう、教義書をローマ字版、国字版と二種類の文字で別々に作成するなど、工夫が施されたものもある。特に、『日本語大文典』(一六〇六〜一六〇八、ロドリゲス)や、『日葡辞書』(一六〇三〜一六〇四、作者不明)は、当時の日本語研究の集大成とも言われ、宣教師たちの卓越した言語観察力や日本人の協力者たちの学識の高さがしのばれる。いずれも、一九世紀にフランス語に訳されている(第五章参照)。

一連のキリシタン版の作成に関わったのは、宣教師と彼らの日本語教師たちであった。日本語力随一であったと言われる宣教師と教会に大きな貢献をした日本語教師の中で二人を紹介しよう。まず、通事バテレン、ロドリゲスの名で知られる、ジョアン・ロドリゲス(一五六一〜一六三三)である。優れた言語能力の持ち主であり、通訳として秀吉や家康ら、高位高官の知遇を得、イエズス会の会計責任者として生糸貿易にも深く関わり、教会の資金面を支えた。家康に起用されていたが、行き過ぎた行動ゆえ、一六一〇年、家康に追放され、マカオで過ごすことになる。日本滞在中に、優れた日本語力と分析力で、前述の『日本語大文典』を、追放先のマカオでは、『日本語小文典』（一六二〇）や『日本教会史』（未刊行）を執筆した。日本社会や文化について詳細な分析がなされ、いずれの著書も、当時の西洋人による日本語や日本文化研究の白眉とされている。

宣教師に日本語を教えたのは、キリスト教に改宗した人々だった。一人目は、養方軒パウロ（一五〇八～一五九六）である。彼は、堺のセミナリオで日本語、古典、仏法を教え、名文家としても知られていた。ルイス・フロイスらの書簡では、「堺に住む医師、浄土宗の長老である大学者、文学者のパウロ」と紹介されている。また、辞書や語学書の作成、教義書の翻訳においても多大な尽力をし、日本語教師、日本人説教師としても教会に大きな貢献をした。パウロの講義は、宣教師たちが、実際宗旨に関する質問に応答するうえで、おおいに助けになったという。

二人目の教師、不干斎ハビアン（一五六五～一六二一）は、禅宗の僧侶であったが、キリスト教に改宗し、宣教師の教科書『天草版平家物語』（一五九二）を著すなど、日本語教育に貢献した人物である。これは、原作の『平家物語』を武士と琵琶法師による問答形式に翻案したもので、日本語の話し言葉と日本の歴史を学ぶ教科書として生まれ変わった。これは、ポルトガル式ローマ字表記法で記されたため、当時の話し言葉の音声的特徴を知ることができる。例えば「ＮＩＦＯＮ（日本）」「ＦＥＩＱＥ（平家）」などの表記から、ハ行が「Ｆ」の音で発音されていたことが推測でき、日本語史研究の一級資料として扱われている。

現在も広く親しまれている『イソップ寓話』もこのころ日本に持ち込まれたものである。ハビアンが口語訳を付け、ローマ字書きで“Esopo no Fabulas”（一五九三）（図1）として刊行した。興味をひく

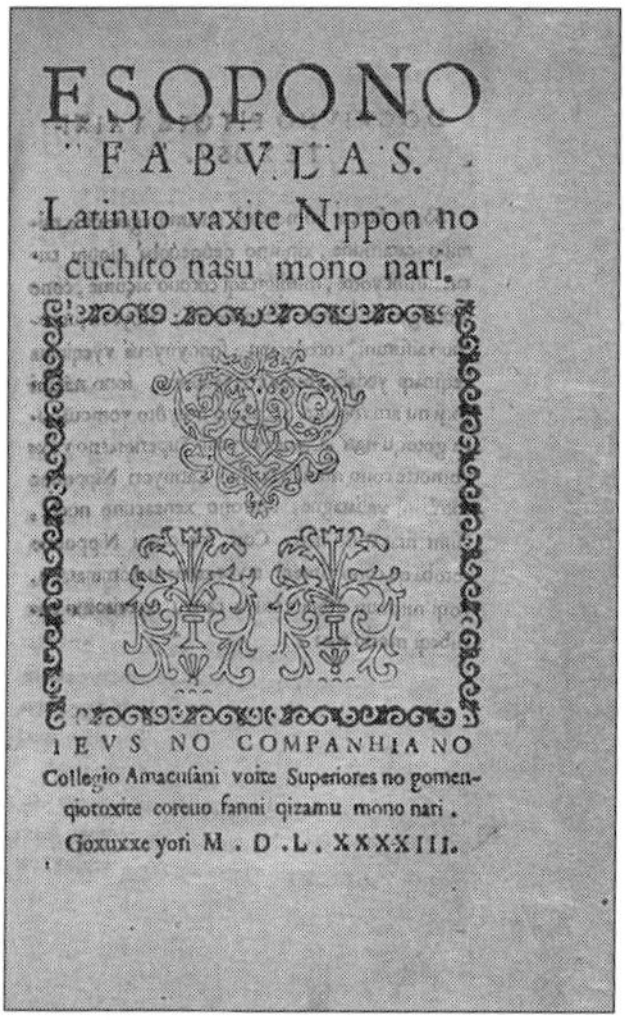
ESOPONO
FABVLAS.
Latinuo vaxite Nippon no
cuchito nasu mono nari.
IEVS NO COMPANHIA NO
Collegio Amacusani voite Superiores no gomen-
qiotoxite coreuo fanni qizamu mono nari.
Goxuxxe yori M.D.L.XXXXIII.

図1　天草版『伊曽保物語』（ハビアン訳、大英図書館蔵）

たとえ話で倫理的教訓を与えるものだが、一つ一つの話の最後に下心として教訓が記されている。二つの短い寓話を紹介しよう。

犬と肉

ある犬が、肉をくわえて川を渡る。

川の真ん中あたりで、自分の影が水に映って大きく見えた。

「おれのくわえている肉より大きい。」と思い込んで、

これを捨てて、あっちを取ろうとする。

このため二つとも失ってしまった。

＊下心（教訓）

このように、欲深い人たちは、他人の財産をうらやんで、何かにつけて貪るが、

ただちに天罰を受け、自分が持っている財産も失うことがある。

ハトとアリ

ある川のそばで、アリが遊んでいた。
急に川の水が増えてきて、このアリを流してしまう。
アリが浮いたり沈んだりしているのを、ハトが枝の先からこれを見て、
「気の毒だなぁ……」と、枝の先をちょっとかじって、
川の中に落とすと、アリはこれに乗って波打ち際に上がった。

このような時に、ある人が、竿の先に罠をつけて、
このハトを捕まえようとする。
アリが、「たった今の恩返しをしたい」と思って、
この人の足に、しっかりとかみついたら、
人はびっくりして怖がって、竿を投げ捨ててしまった。
ハトはこれを理解して、ただちに飛び去っていった。

＊下心（教訓）
そのように、人から恩を受けた人は、どんな形でも、
その恩返しの気持ちを持つべきである。恩を知らない者はアリや虫にも劣る。

ハビアンは、深い学識と語学力をもって、キリシタン版を代表する著作を残し、教会に貢献した。教会への貢献という点で、最も注目すべきは『妙貞問答』（一六〇二）であろう。ハビアンは、この書で、神道、仏教、儒教を基本とする日本の思想を批判し、キリスト教の真理を明らかにしようとした。この書は、宣教師ではない、異文化側からキリスト教を擁護する書であり、他に類を見ない。日本人による初の教理問答書でもあり、キリシタンの理論的支柱となったとさえ言われ、イエズス会のみならず、フランシスコ会でもテキストとして使われるほど、評判になった。しかし、その数年後、ハビアンは棄教、『破提宇子《はだいうす》』（一六二〇）を書いて、一転してキリスト教批判に転じた。「提宇子」とはキリスト教の神「デウス」を漢字で表記したものであり、「破提宇子」とはキリスト教の「神」を論破するという意味である。ちなみに、『破提宇子』は、当時の管区長コロウスが「地獄のペスト」と称し、即座に禁書とした。

仏法や日本の古典を講義でき、しかも日本の従来の思想に異を唱え、キリスト教擁護派の立場から論陣を張る僧侶を日本語教師として迎え入れることができた。これは、イエズス会にとってこの上なく幸運なことであった。このように、来日宣教師たちの日本語学習や布教活動を支えた学識ある日本語教師たちの存在は、彼らの任地での使命を全うするための支援者という役割をはるかに超えた、究極の立役者であったといえよう。

初めて未知の言語に出会ったとき、宣教師たちはそれらをどのように解釈していったのだろうか。日本語に出会った彼らは、それぞれ、ラテン語やキリスト教など既知の事柄をもとに理解していった。彼らの著した日本語文法書は、品詞分類法や活用形の名称にいたるまで、ラテン語文法を下敷きにしている。イエズス会士たちは、教養としてラテン語文法の知識を身につけていたので、それを応用し未知の言語を理解していった。

一方で、ラテン語文法を使って日本語が説明できるということは、ラテン語の枠組で解釈できるのだから日本語は野蛮な言葉ではないというメッセージを伝えることができた。ロドリゲスは日本語の特徴として、高度に発達した複雑な敬語、豊かな語彙、そして、韻文や詩、書簡の奥深い作法をあげ、日本語の優秀性を示した。ヴァリニャーノも、日本語はいずれの言語より優秀で典雅で語彙が豊富であり、同一の事物を表すのに多くの語彙があること、敬語法が発達していることなどを報告している。これは、自分たちが布教にあたっている土地は、文化的に決して野蛮で劣ったところではなく布教する価値があるといった自分たちの活動の意義を確認することにもつながったのではないだろうか。

三・三　宣教師たちは日本語で何ができるようになったか——日本語力の評価法

宣教師たちは、当初から日本語学習に非常に熱心に取り組んだ。日本に向かう船上で、同行した宣教師らと習い始め、宣教師仲間からヨーロッパの言葉で話しかけられても日本語以外では一言も返さなかった者もいたという。では、その学習成果はどうだったのだろうか。キリシタン史研究者の高瀬弘一郎は、一五八八年から一六一四年までのイエズス会名簿をもとに、外国人宣教師の日本語能力について記している。具体的には、「日本語で告解を聴く」「日本語で説教する」「日本語で文章を書く」「日本語を解す」などと日本語を使って何ができるのかを示し、それぞれ「非常によく」「中位の」などレベル別に人数が示されている。レベルの具体的な基準は不明であるが、人数とともに一部を抜粋しよう。

一五八八年　日本語で説教し告解を聴く　★四名
日本語で告解を聴く　★三二名
日本語で説教および教理教育をする　★一名
一五九二年　日本語を「非常によく」解し、日本語で説教し、日本語で文章を書く　★四名
日本語を「非常によく」解す　★四人
日本語で告解を聴く　★一五名
一六一四年　日本語を「非常によく」解し、日本語で「非常にうまく」説教する者　★二名
日本語を「非常によく」解し、日本語を教え、半ば日本語で説教する者　★一名
日本語を「中位に」解す　★二六名

「非常によく」というレベルを中心に抜粋したが、そのレベルの高さとともに布教においてどのような場面で日本語が必要とされていたのか推測できる。一六〇二年の記録には、一年三カ月日本語を学習した宣教師一一名中五名が、日本語による告解を通訳なしで聞くことができたという記載もある。この評価の仕方は、現在の言語教育で用いられるキャンドゥー（can-do statements その言語を使って何ができるかを示す、学習目標の設定や評価の基準に使う）に通じるものである。

ほかにも、ロドリゲスの『日本語小文典』や当時の記録には、宣教師たちが日本語を学ぶ方法が記されているが、現在の言語教育における協働学習、自立学習、アクティブ・ラーニングに通じるものがあり、それぞれが学び方を種々に工夫し、成果をあげていたことは驚愕に値する。四〇〇年以上も前に、

初めて未知の言語日本語に出会った宣教師たちの取り組み方とその成果は、現代の言語教育に携わる者に大きな衝撃を与える。

さて、日本宣教の方針である適応主義により、推定で三七万人がキリスト教に改宗したというが（禁教令が出された一六一四年までの数字）、これは、当時の人口の二・二パーセントにあたるという。戦国時代の末期において、激動や混乱が続く中、生きるすべや救いを求める人々が、宣教師たちが日本語で語りかける新しい教えに希望を見いだし、精神的な支えを求めていったとしても不思議ではない。では、彼らは新しい教え、キリスト教の教理をどのように理解していたのだろうか。

宣教師たちはキリスト教の教えを、仏教用語を用いて説明していた。特に、「神」の翻訳は、布教の初期に「大日」「天道」「上帝」などを用いた結果、誤解を招き、「デウス」に切り替えたこともあった。この問題は、のちに、ロドリゲスが中国で同様の問題が起きていることを指摘し、後の典礼論争を引き起こすきっかけの一つともなった。民衆が、仏教用語でキリスト教を解釈していたのなら、両者の明確な区別は難しく、キリスト教を仏教の一派として理解していた可能性も否定できない。教会は、西洋風の教会を建設するのではなく、南蛮寺と呼ばれたように、日本人になじみのある寺を改築して、キリスト教への警戒をやわらげた（図2）。彼らは戦略として、キリスト教の布教を南蛮貿易と一体化して行ったことから、大名の中には南蛮貿易の魅力に惹かれた者も多かった。大名が改宗すれば、領民も入信するという流れにおいては、信者の数と信仰の深さや広がりを単純に関連付けるのは妥当ではないであろう。

図２　南蛮寺（作者不詳、南蛮屏風、リスボン美術館蔵）

四　日本宣教から中国宣教へ

イエズス会による日本開教を果たしたザビエルは、一五五一年、インドのゴアに戻り、翌年中国本土をめざすも、上陸を果たせないまま、マカオ西方の上川島で亡くなった。彼の意思を継いだのはヴァリニャーノだった。ヴァリニャーノは周到な中国宣教計画を立て、マカオへマテオ・リッチらを呼び寄せ、自らは日本布教に向かった。一方、日本から追放されたロドリゲスは、マカオで日本帰還を待ち望みながら、その日のために、日本語や日本の歴史の著述にあたった。ザビエル、ヴァリニャーノ、ロドリゲスの日本滞在中の発見や活動が、中国布教とどのように関わっていくのか、紹介しよう。

四・一　ザビエル、中国布教の意義を見つける
中国の文物は日本の権威!?

ザビエルは、一五四二年にインドに到着してか

ら、ポルトガル商人らから情報を得ながら、布教の地を探していた。インドやモルッカ諸島での布教が進まず、海禁政策をとる明朝中国は入国のすべもなかった。そんな失意の中でポルトガル語を話すお尋ね者のヤジロウとの出会いはまさに福音であった。日本滞在中、ザビエルは、日本社会が中国の文物を権威とし、中国への志向性が高く、崇拝していることに気づいた。また、仏教はそもそも外来のものであるが、インド発祥の外来の仏教が中国を経由して入り日本で根付いていることから、日本人の信仰の源である中国でキリスト教を広めることは、日本人を改宗させるのに有効な手当てだと確信するようになっていった。日本人から「あなたが、神、神、というが、中国人が知らないのはなぜか」と問われた経験は、ザビエルに中国布教の想いを一層強くしたという。

漢字の表意性発見！

ザビエルは、日本を去ったあと、ローマのイグナチオ・デ・ロヨラ神父宛て書簡の中で、日本と中国の言語について書き送っている。

注目に値することは中国人と日本人とでは話し言葉が非常に違うので、会話はお互いに通じません。中国の文字を知っている日本人は（中国人の）書いたものは理解しますが、話すことはできません。漢字を日本の大学で教えているからです。そして漢字を知っている坊主は、学者として人々から尊敬されています。中国の漢字はいろいろな種類があって、一つ一つの文字が一つのことを意味しています。それで日本人が漢字を習う時は、中国の文字を書いてからその言葉の意味を書き添えます。(…) 日本人がこの文字を読む時には日本語で読み、中国人であれば中国語で読みます。そのために話す時には互いに通じないのですが、書く時には文字だけで理解し合います。彼ら同士、話し言葉は違っていますけれども、字の意味は共通でそれを双方ともに知っているからです。私たちは天地創造とキリストのご生涯の全ての奥義について日本語で書きました。そののち、私たちは同じ本を漢字で書きました。それは中国に行った時に中国語が話せるようになるまで私たちの信仰を理解してもらうためです。

(一五五二年一月二十九日の書簡)

『聖フランシスコ・デ・サビエル書簡抄(上)』一九四九年

表意文字に初めて出会ったザビエルは、表意文字の特質を知り、漢字によって日本人と中国人の間で意思疎通が図れることに気づいていた。漢字の持つ力を知ったことにより、教義書の翻訳も日本人向けだけではなく中国人向けのものも作成していた。わずか二年の日本滞在の間にすでに中国宣教の準備を始めていたことになる。さらに、中国宣教の意義を次のように報告している。

中国は大変大きく平和であり、優れた法律によって支配されている国でたったひとりの国王に完全に従っています。たいそう豊かな王国で、あらゆる種類の生活必需品が十分にあります。中国人は優れた才能を持ち、よく勉強し、特に国家を統治する諸法律をよく研究し、知識欲が旺盛です。彼らは白人で、あご髭がなく、眼はとても小さいです。彼らは自由を愛する国民で、特に平和を愛し、国内では戦いがありません。中国でも日本でも主なる神への大きな奉仕を成し遂げることができるように、私は中国へ行きたいと思っています。中国人が神の教えを受け入れるようになったと日本人が知れば、中国から渡来した宗旨を信じている日本人は、自分たちの信仰をすぐさま捨てるに至るでしょう。

（同書簡）

ザビエルは、これから向かう中国を高く評価し、日本宣教にも役立つとその意義を報告している。中国布教をめざす理由として、日本文化の源泉は中国にあり、中国宣教の成功は日本全土のキリスト教化のためには不可欠であるとの説明は、ローマにも説得力をもって届けられたに違いない。

こうした大きな期待に胸を膨らませて、ザビエルはゴアから中国の広東へ向かった。しかし、外国人の入国を禁じている中国への入境は、もはや密入国しかなかった。広東沖の上川島にはポルトガル商船が寄港し、広州から来た中国商人と「密貿易」をしていたが、頼れるポルトガル人はおらず、ザビエルは、中国商人に同行して上陸の機会を待った。ところが、長旅の疲労も重なり病を発症し、中国上陸をはたせぬまま、一五五二年一二月、四六歳の生涯を閉じた。彼を看取ったのは、ゴアのコレジヨ以来の中国人の信徒であった。

ザビエルを日本へ向かわせたのも、中国へ運んだのも、ポルトガル船ではなく、中国船だった。中国布教を夢見たザビエルは、この海域における中国人に助けられながら中国に近づくも、その目前で中国人に看取られながらこの世を去ったのである。

四・二　ヴァリニャーノの計画性

中国布教の準備

ザビエルの日本開教から三〇年を経た一五七九年、ヴァリニャーノが来日した。「日本は布教に適さない地である。宣教師に日本語を学ばせないし、日本人にもラテン語を学ばせない。」とアジア蔑視の姿勢を貫くフランシスコ・カブラルから交替した彼は、巡察師として日本布教に関し自由に決断実行できる権限を与えられ、前述のように教育制度を中心に布教体制を次々と整備していった。ヨーロッパのやり方を押し通そうとするドミニコ会やフランシスコ会の活動も阻止した。このように、ヴァリニャーノはザビエルから引き継いだ適応主義を徹底して守り抜いたが、彼がザビエルから引き継いだのは、それだけではなかった。ザビエルの夢である中国宣教のための周到な計画を練り、指揮を執ったのはヴァリニャーノであった。

ヴァリニャーノが中国宣教の準備を始めたのは、来日前のマカオにおいてであった。ゴアにいたマテオ・リッチらをマカオに招き入れる手はずを整え、彼らに中国語と中国の習慣を学ぶよう指示を出していたのである。リッチといえば、ユークリッド幾何学の漢訳書『幾何原本』や『坤輿万国全図』を中国に伝えたことで知られるが、彼は、かつて、ローマ学院でのヴァリニャーノの生徒であり、その資質を認められ中国宣教の開拓者として抜擢されたのである。こうして、ザビエルが夢見た中国布教は、ヴァリニャーノが計画し、かつての門下マテオ・リッチにバトンを渡していくのである。

少年使節の訪欧

ヴァリニャーノの日本宣教における功績の一つが、天正の少年使節の派遣である。使節団派遣の目的の一つは、日本布教の成功をヨーロッパに知らしめ資金を獲得することであった。そのために、幼い時からラテン語を学び、コレジオで優秀な成績をおさめた、ラテン語に長けた四人の少年たちが選ばれたのであった。長い船旅の末、使節団は一五八四年にポルトガルのリスボンに到着し、八六年にリスボンを出航するまで、フェリペ二世、法王グレゴリウス一三世に引見、ローマの市民権証書を授けられ、メディチ家からも招待を受けるなど各地で大歓迎を受けた。かつて、『東方見聞録』でジパングとして知られた伝説の国から来たラテン語を話す少年たちを一目見ようと、サンマルコ広場には、八万人もの人々が集まった。帰国後も日本に関する記事や書籍が多数出版され、一五八五年のイタリアでは、この使節団を取り上げた書籍が四九冊出版されたという。

注目すべきは、少年使節団がヨーロッパに滞在していた最中の一五八五年に、ローマ法王が、イエズス会に中国と日本への布教権を与え、また、中国についての概説書『大中国誌』が出版され、爆発的人気を博したことである。この書は、アウグスティーノ会のスペイン宣教師メンドーサが、宣教師の報告書をもとにスペイン語で書いたものであるが、すぐに、フランス語、イタリア語などに訳され瞬く間に評判になった。すなわち、一五八五年という年は、ヴァリニャーノの周到な計画により、ラテン語とキリスト教文化を身につけた少年たちが、ヨーロッパでお披露目され、さらに、ローマ法王による東アジアへの布教権がイエズス会に与えられた年であった。さらに、『大中国誌』が刊行され人気を博したのもこの年だった。東アジアの宣教が日本から中国宣教へといかに計画的に行われてきたか見て取ることができよう。

四・三　ロドリゲスの危惧

日本を追放されたロドリゲスは、日本での布教再開の日を夢見ながら、マカオでは中国語にも熟達し、儒教や道教を研究し、通訳として活躍した。その間、『日本語小文典』(一六二〇)を刊行、『日本教会史』(未刊行)では、日本社会や文化、歴史を詳細に分析した。そして、日本再訪の機会に恵まれることなく、当地で七四年の生涯を閉じた。

中国語学習法

マカオに渡って一五年以上を経てから記された『日本語小文典』(一六二〇)は、当初日本で布教を行う宣教師のために書かれたが、布教再開の目途もたたない中、中国布教をめざすイエズス会士も想定するようになった。ロドリゲスの日本での経験は、後進の中国布教をめざす者に少なからぬ影響を与えたと思われる。

例えば、この書の第一部「日本語の学習と教授にふさわしいと思われる方法について」の中で、日本語を学びこれに熟達する方法は二つあると指摘している。一つは、人々と交わり自然習得する方法、もう一つは、文法書と教師によって学ぶ方法とし、それぞれの特徴について述べている。前者に関し、「中国宣教区のわが会の神父や修道士らはこの方法を用いた。」と記している。教科書もなかった当初は、中国のイエズス会士たちは、日常的に中国人と会話する方法で中国語を自然に習得する方針しかなかったのであろう。

再び、「神」をどう翻訳するか

ロドリゲスは、日本での経験から、中国布教のための教義書の翻訳に関し重要な警告をしている。日本語と中国語に熟達していたロドリゲスは、日本と中国で共通のカテキズム（キリスト教教義入門書）を使用できるかどうかを調査し、マテオ・リッチが翻訳したカテキズムに多くの誤りがあることを一六一六年の手紙で指摘している。日本のイエズス会宣教師はキリスト教の神を意味する語を日本語に訳すにあたり、「大日」など仏教用語を使用し誤解を招いた経験があり、仏教用語を用いて翻訳するのではなく、ラテン語「Deus」そのままを用いることになった。ところが、リッチの翻訳では神を「上帝」、天使を「天神」のように道教や儒教の概念で呼んでいた。ロドリゲスはこれを誤りと考え、中国でも日本と同様にラテン語をそのまま使うべきであり、従来の著作は全部書き直すべきだと主張した。これは、後の典礼論争にも繋がる点であるが、ロドリゲスは、日本語への翻訳で誤解を招いた経験から、キリスト教布教の真理の核心概念である神の概念を翻訳するにあたり、現地の伝統的な思想に根差した用語を使う危うさを指摘していたのである。

マカオでは、日本から追放された宣教師たちが、中国布教を志すイエズス会修道士たちに日本布教の栄光と挫折について大いに語っていたにちがいない。その後、中国布教は大きく進展するも、教会内部や清朝との間で度重なる摩擦が生じ、日本布教では経験しなかった展開を見せるようになるのである。

四・四　フェリペ二世、日本人を使って中国征服計画!?

最後に、本書のテーマである、中国との関連で宣教師たちの日本語力がどれ程のレベルであったのかを示す例を紹介しよう。

イエズス会ローマ文書館が所蔵する日本関係の記録は、ザビエルの日本開教の年である一五四九年に始まるという。その記録によると、彼らは、日本で極秘の情報活動をし、将軍暗殺計画など中枢で何がおきているか把握していたという。そもそも、極東までやってきた目的は全世界をキリスト教の国にすること、すなわち、日本人の心を支配し、ヨーロッパ型社会を広めること、最大のミッションは、織田信長をキリスト教に改宗させることであった。戦国日本では各地で戦争が絶えず、日本刀製造技術にすぐれ、武器も驚くほど進化を遂げていた日本は、世界でも屈指の軍事国家として彼らの目には映っていた。

一方、レパントの海戦でイスラム勢力を退け、アメリカ大陸の「発見」を契機として、海外征服・植民地化事業に乗り出したスペインは、フェリペ二世の治世に、フィリピンにマニラを建設してアジアの拠点を築き、さらに、ポルトガルを併合し、ポルトガルの植民地を飲み込んでいた。彼の次の野望は、中国の征服、そのカギは日本の軍事力であった。日本兵は勇敢で彼らにとって安価に調達できる存在であった。宣教師たちが、ポルトガル人とスペイン人と日本人との連合による中国征服の構想を提案したのは、豊臣秀吉が朝鮮に出兵し、明に向かう二年前のことであった。一五九八年、フェリペ二世と豊臣秀吉はわずか五日違いで他界し、このスペインの計画は潰えた。日本中枢の極秘情報をフェリペ二世が知り得たのも、宣教師たちに情報収集力、日本語力があったからにほかならない。彼らが懸命に学んだ日本語は、布教の現場で生かされただけではなかった。それは極秘の情報活動が行えるほどのレベルであった。

すなわち、この時代は、ザビエルがそうであったように、日本での経験をもとに中国布教計画が練られたり、このスペインの計画が示すように、西洋人が日本人を介して中国で目的を達成しようと考えたりした。西洋と中国をとりもつメディエーター、サブチャンネルとしての役割を日本が持つ時代であった。

第二章　在華宣教師が学んだ中国の言葉と中国文明

一　ヨーロッパに現れた中国

日本が「鎖国」下に入った一七世紀の前半、ヨーロッパにアジアが登場しはじめる。オランダ東インド会社は、アジアの様々な産品をヨーロッパに届けたが、中でもお茶は人気を博した。一七世紀の初頭にお茶がもたらされると、まもなく、ロンドンに初めてのティーハウスが現れ、ヨーロッパ各地に広がった。アジアの磁器のカップも併せて輸入されると、カップに描かれた東洋の装飾に人々は魅了されていった。質の高い磁器の生産地は、中国の景徳鎮だった。

一・一　シノワズリ席捲、宮殿に中国間・中国式庭園現る

陶器は実用品にとどまらず、装飾品も多く集められるようになった。染付や白磁、そして漆器も加わった。陶磁器や絵画が王侯貴族の邸宅で歓迎された。イタリアのメディチ家はすでに一六世紀に数百

の中国製磁器を収集していたという。コレクション部屋に磁器を集めるだけでなく、磁器で作った部屋や塔など、建造物まで現れたのである。このブームは、シノワズリ、中国趣味と呼ばれた。その中心はフランスだったが、ヨーロッパ各地に広がった。例をあげてみよう。

- 晩年のルイ一四世はヴェルサイユ宮殿にある離宮の一つトリアノン宮殿の一角に「陶器のトリアノン」を建てた。これは、陶器を集めた部屋ではなく、陶器で建てた塔だった。
- ルイ一六世は、オーストリアから迎えた王妃、マリー・アントワネットに離宮プチ・トリアノンを贈った。この新しい主人となった彼女は、この離宮に中国風庭園を取り入れた。
- ウィーンでは、マリー・アントワネットの母、マリア・テレジアが夏の離宮シェーンブルン宮殿に「古い漆の間」を備えた。
- プロイセン王国時代のドイツ、当時の絶大な権力を今に伝えるサンスーシ宮殿では、フリードリヒ二世が中国茶館を作った（図1）。
- イギリス、王立キューガーデンに今もそびえたつグレートパゴダ。この中国風装飾建築物もオーガスタ王女への贈り物として一七六二年に完成した（図2）。
- ポーランド王ヤン三世ソビエスキの夏の宮殿にも「中国の間」が登場、現在は陶磁器や調度品から内装にいたるまで、すべてが中国をはじめとする東洋の品々で埋め尽くされている。
- 北欧のヴェルサイユといわれる、スウェーデンの「ドロットニングホルム宮殿」。優雅な庭園に中国離宮がたたずむ。このロココ調のエキゾチックな建物は、一七五三年にスウェーデン王アドルフ・フレデリックが、プロイセンから来た王妃ルドヴィケ・ウルリーケのために建てたものである（図3）。

・この風潮は、ロマノフ朝時代のサンクトペテルブルクをも席捲した。ピョートル大帝の娘のエリザベータは中国の品々を収集するだけでなく、植物まで移植した。初の植物園を建てたのはエリザベータであった。女帝エカテリーナ二世も「中国室」がお気に入りで、かつて「オラニエンバウム」と呼ばれたロモノーソフ宮殿に「中国宮」が建てられた。

一七世紀から一八世紀にかけ、ヨーロッパの王侯たちはこぞって中国要素を宮殿に取り入れて愛でた。調度品にとどまらず、建造物や庭まで作ったのだ。シノワズリとロココ調の装飾が融合した独特なスタイルは、美術や建築の様式に影響を与えた。赤い灯籠、黒い漆塗りの壁、そして象眼を施した家具がヨーロッパの宮殿に現れる。博物館には、今も東洋の陶磁器が所狭しと並ぶ。ヴェルサイユ宮殿のような宮殿とは趣は異なり、なんともアンバランスな印象を受けないわけではないが、今も残るこれらの調度品や建造物から、当時のヨーロッパの貴族たちがどれほど東洋に魅了されていたのか、垣間見ることができよう。

アジアとの貿易を担ったオランダやイギリスの東インド会社は、ヨーロッパの産品をアジアに届けるというより、もっぱらアジアから買い付け、ヨーロッパに売った。主な買い手である、海外の産品に強い関心を示すヨーロッパの王侯貴族の趣味を熟知していた彼らは、周到な計画のもと中国や日本で特注品を生産させてヨーロッパに送り届け、利益を得た。

図１　中国茶館（ドイツ　サンスーシ宮殿）

図２　中国風パゴダ（イギリス　キューガーデン）

図３　中国離宮（スウェーデン　ドロットニングホルム宮殿）

（図１－３　https://en.wikipedia.org/）

大航海時代以降、ヨーロッパにもたらされたのは珍しい産品だけではなかった。文化や思想も翻訳し紹介された。それを担ったのは、語学の才能に恵まれ、深い学識を有する在華宣教師たちであった。

一・二　西洋の中国情報

王侯貴族たちは中国の文物に魅了され、思想家たちは、中国の思想に通じ、ヨーロッパの啓蒙主義に影響をあたえた。

中国人がヨーロッパへ出かけて布教したことは皆無なのに、ヨーロッパ人だけが商売と宗教を世界の端までもっていく

岡本さえ『イエズス会と中国知識人』二〇〇八年

一八世紀のフランスの思想家ヴォルテールは、キリスト教布教を批判し、キリスト教創世記より古い歴史を持つ中国を重視していた。同時代のフランスの哲学者ディドロやダランベールも、ドイツの哲学者ライプニッツも中国の思想から大きな影響を受けた。なぜ、ヨーロッパでは思想家たちが遠い中国の古典に親しむようになったのか、フランスの皇帝まで中国の皇帝や中国の文物に心酔したのはなぜか。当時のヨーロッパでは、日本はキリスト教徒を弾圧する「野蛮な国」として研究の対象ではなかった。商売と宗教を世界の端まで持っていった宣教師たちは、中国の古典を翻訳する能力をどのように得たのだろうか、漢字や言語の学習はどのようにすすめていったのだろうか。

ジパング伝説を伝えた一三世紀の『東方見聞録』で、語り部マルコ・ポーロは、元朝のフビライ・カンに一七年仕え、中国各地を訪問し数々の伝説を伝えている。前述の『東方諸国記』（一五一五）をマラッカで著したトメ・ピレスは、一五一六年、初めてのポルトガル大使として、中国に派遣され北京まで行った。このように、ヨーロッパの人々は日本よりはるか昔に中国に足を踏み入れ、当地での「見聞」をもとに報告をまとめヨーロッパに送っていた。

二　布教と中国語の学習

二・一　宣教師という特殊な才能を持つ皇帝の「臣下」たち、官話を学ぶ

イエズス会士たちが中国にやってきたのは、明朝時代の一六世紀の末であった。前述の東インド管区巡察師ヴァリニャーノの要請によるものであった。彼の綿密な中国宣教計画のもと、ローマ学院での教え子マテオ・リッチがゴアからマカオへ呼び寄せられた。ヴァリニャーノ自身は、ザビエル開教から三〇年の経った一五七九年、初来日を果たすが、リッチがマカオに到着したのは、その三年後の一五八二年であった。

ヴァリニャーノの指示は、漠然と、中国語や中国の文化を学ぶという内容ではなかった。イエズス会士が学ぶべき言語は、マカオや広東の一般の民衆が使う広東語ではなく、中国の支配層が使う南京官話であり、学ぶべき中国文化とは、儒教の経書を理解することであった。ちなみに、官話とは、

一七世紀に渡来した宣教師たちは、土俗の方言のほかに、共通語の存在することを知って、これを「官話」（Mandarin）と名づけた。もちろん中原地方では、これは役人（官）専用の言語ではなく、商人も講談師もともにそれを用いたが、中央から赴任する役人と、科挙に応募する郷士たちがそれを習い、公務上の用を弁じたのでそのような名称になった

中国語学研究会『中国語学新辞典』一九六九年

のことである。つまり、ヴァリニャーノは、すでに計画段階から、中国では儒教の知識を獲得して科挙に合格し官僚となった支配層を宣教の対象と想定していた。日本布教においては仏教との関係が重要な問題であったが、中国では支配層の規範が儒教であるため、儒教への対応に全力を注いだのである。

ザビエル以降、日本では、大名の改宗が領民に影響を及ぼすことを経験してきた。イエズス会は、支配層への布教が領民たちの入信につながる、大国が改宗すれば、周辺国も改宗するだろうと考えた。ザビエルは、天皇との謁見を求めて京都をめざしたが、かなわなかったため、日本布教は、九州の有力大名の改宗に力が注がれた。しかし、中国では、皇帝の信頼を得ることに成功し、中国の領土をめぐる対ロシア外交においても重用されるまでになるのである。

日本では、領土征服のための尖兵であるとの警戒やキリシタンへの強い不信感から、キリスト教の取り締まりが激化し、布教は禁止され、宣教師は国外へ追放された。一方、中国では、警戒は高まっていったものの、在華宣教師たちは、中国語を習得し、中華の文明を熱心に学び、中国の文人たちに、数学や天文、地理や医学などの近代科学や、芸術を伝えた。知識人たちの心をとらえると、中国滞在を黙

認され、やがて、布教が認められるようになった。朝廷にとって、イエズス会士は、「中華の文明を慕い、はるか遠方から学びに来た」特殊な才能を持った「臣下」であった。布教を認めたのは、その見返りだったのである。

こうして、イエズス会士は、中国の文人の協力を得て布教書の漢訳版を作成し、西洋の科学技術に関心を持つ徐光啓ら学者とともに膨大な量の漢訳書を中国で出版するようになった。一七世紀には、漢民族の明朝から満州族が支配する清の時代に入り、彼らの活動も康熙帝の時代に最盛期を迎える。しかし、一七〇六年にはイエズス会士以外の宣教は禁じられ、一七二四年には、布教活動が全面禁止とされてしまう。中国での出版活動ができなくなると、宣教師たちは、中国知識人に西洋の近代科学を伝えることから、ヨーロッパに中国文化を紹介することに力を注ぐようになるのである。

さて、本書の関心は、こうした宣教師の活動を支えた中国の言語に関する知識とその獲得法である。中国にヨーロッパの近代科学を紹介し、西洋に中国文明を伝えるには、専門知識とともに高度な言語能力を要するが、このために、宣教師たちは、まず漢字を学ばなければならなかった。マテオ・リッチは四書を初めて読んだ西洋人としても知られるが、彼はどのように漢字を学んだのだろうか。宣教師たちによる語学書や、彼らがもたらした東西交流について、ヨーロッパを席捲した中国ブームを支えた言語の学習に焦点を当てながら紹介していく。

二・二　リッチを鍛えた漢字記憶法

宣教師たちは、世界各地彼らが行く先々で使用されている言語を観察し、布教地の主な言葉を学び、文法書や語彙集を著した。未知の言語を理解し、その構造を初めて学ぶ者に分かるよう記述するという作業には、語学の才能やセンスはもとより、訓練が必要である。彼らは、どのようにそれをやってのけることができたのだろうか。それを説明するためにまず、中世のヨーロッパでの文法学の位置づけについて紹介しよう。

七芸とは、中世ヨーロッパの教養科目であるが、文法学はこの七芸の一つとして、キリスト教教会の修道院でも学ぶべき学問であった。七芸は具体的には、第一に、文法、弁証、修辞の三学科、第二に、音楽、算術、幾何、天文の四学科である。神学、哲学の教育を受けるための基礎教養であり、特に、文法学は入門段階の必修科目であった。ローマ・カトリック教会がラテン語訳聖書を公認聖書と定めたため、聖職者はまず徹底的にラテン語を学ぶ必要があった。彼らが新しく足を踏み入れた地で文法書や辞書を作成できたのは、彼らにすでに徹底的に身につけたラテン語文法の知識があったため、それを応用することができたからである。

イエズス会の教育課程はあらゆる点で細部にわたるまで体系化されていた。リッチが二一歳で入学したころのローマ学院は、次のようであったという。初級課程人文部門の正式訓練はラテン語によって行われ、生徒たちも学校にいる間は、ラテン語で会話をするよう指導されていた。リッチは、ラテン語文法を詳細に学んだあと、修辞学、詩学、歴史学を、中級課程では、理性によって学習できる「自由学芸」すなわち、論理学、物理学、道徳哲学、数学など、上級になると、法学、医学、神学の三つの課程から一つを選ぶというもので、特に、「教師から指定された箇所の暗記」と競争本能を関連づけることを重視していた。

さて、この課程を終えたリッチは、後年、四〇〇字から五〇〇字も並んだ漢字を瞬時に記憶してしまったという。そのリッチの記憶力とはどのように磨かれたのだろうか。J・D・スペンスは、リッチが、中国語で初めて四書を読むという成功を収めることができた要因の一つに、彼の非凡な記憶法を指摘している。現在でも、非漢字圏の日本語、中国語学習者や教師にとっては大いに参考になるので、少々長くなるが以下に紹介しよう。

ボローニャ大学で学んだドミニコ会のホストフォン・ロンベルヒ（一四八〇～一五三二）は、『記憶術集成』（一五三三、ヴェネチア刊行）の中で、記憶用の都市や建物それぞれの中に記憶を分類し保存するという位置付け法を提唱し、さらに、「記憶用視覚的アルファベット」も開発した。一方、人間の記憶力を高めることに関心のある医師グリエルモ・グレタローリは、だれでも決して忘れることのない鮮やかな記憶イメージがあることに注目し、場所、物体、人物の三要素から連続動作を作り上げ、その内容を忘れずにいられる記憶法を開発した。リッチは、これらの記憶法を組み合わせる才能に恵まれていたうえに、当初から、中国に対する情熱を持っていた。中国語で初めて四書を読んだ西洋人が誕生した背景にはこのような記憶法があったものと思われる。マカオに到着した翌年の一五八三年二月、リッチは、かつての修辞学の教師フォルナーリ宛に次のような書簡を送った。

最近私は中国語の勉強に没頭しています。ギリシャ語とドイツ語ともかなり違った言語であることは保証いたします。話すには実に曖昧な言語で、一語で一〇〇〇以上もの意味があることさえ少なくありません。四つの異なる声調のうち、高く発音するか低く発音するかで単語と単語を区切るしかないと言う場合が多いのです。ですから中国人が互いに話を交わすときでも、相手が理解できるように、言いたい言葉を文字で書いて見せます。文字は一つ一つ違っていますから。その文字について言えば、私のように実際に目にして使った経験がなければ、とても信じられないでしょう。中国人は、言葉や事物と同じ数だけの文字を持っているのです。そのため、文字の数は七万字以上にものぼり、一字一字がかなり異なった複雑な形をしているわけです。

J・D・スペンス『マッテオ・リッチ　記憶の宮殿』古田島洋介（訳）一九九五年

漢字をイメージに置き換えるという作業は、訓練の結果、比類ない記憶術を獲得したリッチにとって、非常に楽しいことであったに違いない。しかし、そんな彼にも挫折期間はあった。中国語学習の進捗をたどってみる。

一五八二　マカオ着
一五八三　中国本土へ入境、肇慶《ちょうけい》へ。
一五八四　多少の説教、告解も、通訳なしで話す。読み書きもそこそこ。
一五八五　流暢に話す。中国人に助けてもらえば読める程度までに。
一五九二　書物を読みこなせる域には達していない。理由は教師不足など。上長の励ましで継続。
一五九三　四書読破を宣言。経験豊かで学識ある教師を雇う。長時間の授業を一日二回受ける。
一〇ヶ月継続。

一五九四　四書の読破。ラテン語への翻訳を試みる。

こうして、挫折期間もあったが、上長から励ましを受け初心を貫き四書を読破し、後にラテン語に翻訳するという偉業を成し遂げたのである。その喜びは、宴会に招待されたときの様子を伝えるマカオの上長宛ての書簡にほとばしるように表現されている。

その席上、ちょっとした事件が起こり、私は彼らの間ばかりか、知識人たち全員の間で大きな評判になりました。私が大多数の漢字について位置付け記憶法を作り上げていたことが話題を呼んだのです。（…）私は一枚の紙にどんな書き方でも良いから何の順序もなしに漢字をたくさん書き並べて欲しいと言いました。一度だけ目を通せば、私は描かれた通りの順序で暗唱して見せることができるからです。中国人は実際にでたらめな順序で多数の漢字を書きました。そこで私は、一度それに目を通しただけで、全ての漢字を書かれた順序のままに暗証して見せました。一字も間違えなかったので中国人たちはこぞって驚きの声をあげました。彼らにとっても、とてつもないことのように思われたのです。私は彼らをさらに驚かせてやろうと、今度は並べられた漢字を逆の順序で暗唱してみせました。最後の字から始めて、最初の字までさかのぼっていったわけです。すると、中国人全員が肝をつぶし、まるで正気を失ったようになりました。私の名声はすぐさま知識人たちの間に広まりました。私のところにやってきてこの記憶の科学を伝授してもらいたいと頼んだり、私を教師に迎えたいと言ったりする者もいれば、私を師と仰いで敬意を払ったり、教師に払うのと同じ額の金を差し出したりする者もいるというありさまでした。（…）いつの日かきちんと定住して家も構えた暁には、彼らの要望に応えるべく努力するつもりです。なぜなら、事実、この位置付け記憶法は漢字のために発明されたと言っても過言ではないからです。漢字はそれぞれの字が一つの事物を意味する図形であるため、位置付け記憶法が殊に有効で存分に威力を発揮します。

（一五九五年マカオの上長ドゥアンテ・デ・サンデ宛）

J・D・スペンス（前掲書）

さらに、儒教について議論しているときにも、その一節を暗唱してみせたりと、リッチ自ら、中国人の熱狂ぶりを煽りつづけているような描写もあるが、四書を暗記し、科挙に臨み、官職を狙う中国人の若者たちがどのような反応を示したのかは想像に難くない。

この書簡は、中国布教の準備として自らの活動の成果を伝えるための上長への報告であるということを差し引いて判断したとしても、彼の喜びは言葉に尽くせないものがあったろうことは、手に取るように分かる。また、リッチの記憶力に感銘をうけた中国の文人たちが、ヨーロッパ文化に関心を持ち、彼らの言葉に耳を傾けるようになっても不思議ではない。

リッチは、法を説きに来たのではなく、西洋から中国の聖賢の教えを学びに来たと低姿勢を示し、滞在を許可された。その言葉どおり、西洋人で初めて四書を読めるようになった背景には、若い時に身につけた記憶法が大いに役立ったのである。マカオに到着してから一二年の年月が経っていた。

二・三　ヨーロッパの言語から中国語へ、翻訳は二人三脚で

リッチらイエズス会士は中国語を身につけ、古典を学ぶ一方で、中国の知識人に西洋の科学技術を伝えるようになった。その背景について次のような記録がある。

あなたが今やっているような生活状態ではあなたの言うことを聞く者は僅かしかないでしょう。人々はあなたを長くシナに置いておくこともないでしょう。あなたは学者なのだから我々の学者と同じように生活しなさい。その場合にはあなたはすべてのものに語ることができるでしょう。読書人を尊重することに慣れている役人たちはあなたをもう読書人として尊重するでしょう。彼らはあなたの訪問を受けるでしょうし、民衆はあなたが慕われているのを見てあなたに敬意を表するでしょう。あなたの教示を喜んで聞くでしょう。

『イエズス会士中国書簡集一康熙編』矢沢利彦（編・訳）一九七〇年

ただ「中華の文明を慕い学びに来た」というだけでは、それ以上の滞在が許されるわけではなかった。豊かな教養を備えていた彼らは、西洋科学を伝え時計や地球儀を贈った。知識人の中には、彼らを信頼し、宣教師たちが説く法に耳を傾ける者もあらわれるようになった。支配層の改宗には、西洋科学の伝授が有効であることをあらためて確信していくのである。科挙に合格したエリート官僚たちが、次々に改宗していくと、リッチは、官僚の徐光啓とともに『ユークリッド幾何学』の漢訳本『幾何原本』（一六〇七）を出すなど、いわゆる「西学東漸」を本格化する。宣教師たちによる西洋科学書の漢

訳本は、膨大な量に及んだ。こうして、古くから中国で独自の発展を遂げてきた学問が宣教師の伝える西欧の知識と融合し、中国の自然科学は大きな進歩を遂げることになった。

さて、漢訳書の刊行、すなわち、西洋書の中国語訳はどのようになされたのだろうか。西洋の言語で書かれた専門書を中国語に翻訳するという作業は、中国語の知識があっても、西洋人が単独で行えるものではなかった。中国側の文人の協力が不可欠であった。

> 翻訳の際には、まず西洋人が原書を熟読して内容をよく理解してから中国人と話し合い一緒に翻訳していくか、西洋人が逐語的に口頭で訳したものを中国人が書き取るかのいずれかを採った。難しい箇所があれば、中国人とどうすれば内容が明らかになるかを検討した。中国人が理解できない場合には分かるように説明をした。翻訳が終わると、中国人が初稿を推敲潤色して、中国の文章習慣に合うようにした。
>
> 永田小絵「中国清朝における翻訳者および翻訳対象の変遷」二〇〇六年

宣教師が口述翻訳したものを中国人の学者が文字化するという二人三脚の作業は、日本布教においても同様であった。宣教師たちが日本に残した、いわゆる「キリシタン版」のうち、教義書の中には、国字版とローマ字版の二種類を有するものがあった。例えば、『コンテムッス・ムンヂ』『こんてむつす・むん地』、『ドチリナ・キリシタン』『どちりな・きりしたん』などである。いずれも、日本語であるが、前者は、ローマ字、後者は、日本の文字で記されている。これは、キリスト教の教義を、宣教師と日本人信徒が共に学ぶための工夫であったと思われる。宣教師たちはいくら語学の才能に恵まれ、懸命に学んだとしても、文字の習得は困難で独力では相当な時間もかかるため、さまざまな工夫がなされ、これはその一つであったと思われる。

二・四　入華前、マカオで学ぶ中国語

イエズス会宣教師の多くは、すでに入華前にマカオで中国語を学び始めていた。マカオは、現在中国の特別行政区であるが、中国語と並びポルトガル語も公用語に指定されている。これは明朝時代に、ポルトガル人の居留が認められて以来、マカオがポルトガルの東アジアの交易の拠点として発展してきたことによる。マカオには、中国人やポルトガルの東南アジアの拠点マラッカからやってきた商人のほか、ゴアやマニラから渡ってきた宣教師、日本から追放された信者たちが居住し、複雑な社会を形成していた。マカオの日常語としては、ポルトガル語を基礎とするクレオール語が用いられていたというが、中国との交渉は中国語であり、公式文書は漢文が要求された。マカオの司政官が中国側に、漢文とともにポルトガル語で公文書を提出することを願い出たときも明確に断られたといい、中国語、漢文が中国側との唯一のコミュニケーションの手段であった。

こうして、入華を予定しているすべての者は、「マカオの天主堂に二年以上住み、中国語を習うこと」が命じられ、イエズス会士だけでなく、他の宗派に属する宣教師たちも、聖パウロ学院で二年間の中国語授業を受けることになった。イエズス会士らが中国語を学ぶというのは、適応主義による布教を行う自らの選択でもあったが、中国側の命令でもあったのである。

図4　聖パウロ天主堂跡ファサード（マカオ）(https://pt.wikipedia.org/)

ちなみに、現在、マカオの歴史地区の一角にファサードがそびえたつ（図4）。聖パウロ天主堂跡として、ユネスコの世界遺産「マカオ歴史地区」の一部として登録されている。何度も焼け落ちているが、往時は、日本や中国に向かう宣教師たちがここで準備をしたところである。家康に追放されたロドリゲスが、代表作『日本語小文典』『日本教会史』を書いていたころ、二五名程度の日本人信者も居住していたという。日本を追われ、日本への再入国を待つ宣教師や、東南アジアへ布教に向かう日本人修道士、ヨーロッパ留学の準備をする日本人信徒らが一時期ここですごしていたのである。入華前中国語を学ぶ宣教師たちは、彼らから聞く最新の日本情報をどう受けとめ、この東西の十字路でどのような議論が交わされていたのだろうか。想像が尽きない。

二・五　スペイン托鉢修道会士は、マニラで中国語を学ぶ

中国布教をめざす者にとって、入華前に中国語が学べる地はマカオ以外にもあった。大航海時代の主役はポルトガルとスペインであったが、ポルトガルが、アフリカの喜望峰を超え、東へ向かい、インドのゴア、マラッカと勢力圏を拡げ、到達した地がマカオであった。もう一方のスペインは、ポルトガルとは反対に、西へ向かい、大西洋を渡り、メキシコに到達、太平洋を横断してたどり着いたのが、フィリピンのマニラであった。一五七一年、スペイン領フィリピンの首都としてマニラ市が設置されると、まもなく、スペインの托鉢修道会系の会派がやってきて布教を始めた。彼らはさらに中国に渡って布教を行うことを計画していた。

一方、交易に関しては、マニラが、マニラ・ガレオン船によって太平洋を隔てた現在のメキシコのアカプルコと結ばれていたことは知られているが、このときフィリピンからアカプルコへの輸出品として欠かせなかったのは、中国の福建商人がもたらす生糸や陶磁器などの産品であった。スペイン領フィリピンの中継貿易がさかんになるにともない、中国船の来航が急増し、中国人移民社会がマニラを中心に形成されていった。一七世紀初頭のマニラは、最大規模二万人の中国人が居住する港町であった。中国に渡って布教を計画する托鉢修道会系の宣教師たちは、マニラで福建や広東から渡ってきた中国人から中国語を学び、中国語の教科書や漢訳の教義書も作成した。このように、スペインが建設したマニラには、交易を営む中国人が居住していたため、托鉢修道会系の宣教師たちは彼らから中国語を学ぶ機会があり、語学書を作成し、中国布教の準備を始めることができたのである。

当時のマニラは、日本とのつながりもあった。江戸時代初期、朱印船貿易が盛んに行われ、東南アジ

ア各地に日本人貿易商らが渡り、日本人町を形成した。中でも、ルソン島には、三〇〇〇人に及ぶ日本人が居住していた時期もあった。キリシタン大名の高山右近が家康から国外追放を命じられ、辿り着いたのがマニラであった。また、『西洋紀聞』(一七一五、新井白石)で知られるイタリア人宣教師シドッチは屋久島に密入国後、江戸で白石から尋問を受けた際、日本語を話していたというが、彼はマニラに住む日本人から日本語を学んだという。

このように、フィリピンは、日本や中国への布教拡大をめざす宣教師にとって、足がかりとなる土地であった。マニラは、アウグスチノ会、ドミニコ会、フランシスコ会など托鉢修道会系の会派が多かったが、托鉢修道会が必要とした中国語能力はイエズス会とは異なった。イエズス会と托鉢修道会では、布教の対象が異なったのである。マテオ・リッチら北京への入境を許されたイエズス会士は、前述のように、士大夫ら知識人への改宗から始め、皇帝の改宗をめざしていた。一方、托鉢修道会系の宣教師らは、まず、福建をはじめ地方の一般大衆への布教をめざした。官話の習得とともに、前者は、中国語文語文の理解を、後者は福建の民衆との会話力の習得を重視した。

二・六　中国語語学書の異なる傾向、托鉢修道会系とイエズス会系

在華宣教師たちが作成した語学書の中で、広く知られる二つの語学書を紹介しよう。一つ目は、ドミニコ会士のスペイン人フランシスコ・ヴァロ(一六二七〜一六八七)が著した『官話文典』(一六八二稿本、一七〇三広東で出版)である。これは、西洋人による初めての本格的中国語文法書と評される書である。ヴァロは、ルネサンス期のスペイン人人文学者アントニオ・ネブリハによる『ラテン語入門』

（一四八一）や『カステーリャ文法』（一四九二）に依拠し、品詞論を中心に中国語文法を解説している。ネブリハの『ラテン語入門』は、その後二〇〇年に渡りヨーロッパでラテン語研究の標準参考書とされ、『カステーリャ文法』は、俗語、すなわち、日常の話し言葉にも文法があることを示した書として知られる。当時のキリスト教会の共通語はラテン語であり、中世の文法とはラテン語文法を意味した。七芸の基礎である文法学は知識人の条件であり学問の基礎であった。当時の知識人には文法という規律を持つのはラテン語のみであり、日常の話し言葉に規則があるという発想はなかった。文学は口承文学が主流で韻律が重視され、韻律形式に沿うのであれば十分であった。そんな中で、ネブリハがこの『カステーリャ文法』（一四九二）を著し、ラテン語だけではなく俗語にも文法があることを示したのは当時としてはきわめて画期的なことだった。ヴァロはこれらを参照しながら、口語を対象として文法格にも触れながら品詞論を中心に中国語文法書を書いたのである。この書は、ローマ字書きで漢字は使用していない。

二つ目は、フランス人のイエズス会士ジョセフ・マリー・ド・プレマール（一六六六〜一七三六）による『中国語文注解』（一七二〇）である。品詞や構文についての記述はわずかで、中国語の特徴、虚字（助詞）の解説や古典の文体や修辞法、熟語について述べている。白話文学作品から大量の例文を集め、漢字を行書で書き、発音はローマ字で記しているという点にも特徴がある。プレマールは、『康熙帝伝』を著しルイ一四世にも寵愛されたブーヴェ（後述）の弟子であり、早くもフランスから中国に向かう船上で、ブーヴェから中国語と満州語を学んでいた。漢籍の中に、キリスト教信仰の理論的根拠があるのではないかと古典研究に取り組み、古典読解力に優れていた。中国語の学習方法についても非常に精緻な観察をし、独自の見解を披露している。読むべき書物とその順序、漢字、学習方法について、彼の見解が垣間見える部分を紹介しよう。

第一に『孟子』から始めよう。なぜなら文体が簡単すぎないからである。ついで『論語』に進み、第三の段階には『大学』がくる。そして最後は『中庸』である。というのは、このようにして経への足がかりが徐々に形成されるからである。その後は『詩経』『書経』最後に『易経』というのが読むべき順序である。(…)

一度、四、五千字をよく把握すれば、本を読み中国語で作文できない人など確実にいなくなると言われている。(…)

筆者は中国語を学ぼうと熱望する全ての人に強く勧める。直ちに自らのために空白のノートまたは本を数冊用意し、一冊には本を読んでいる際に出会ったすべての比喩をメモするのだ。もう一冊には、お互いに逆の意味を持つ字を縦二列に対比させて並べる。もう一冊には、種々の出来事によって有名になった古代の事物をノートする。最後の一冊には、有名な場所、樹木、花、川、動物、石の名称を記す。(…)

彼ら(中国人)のどの辞書にも文学作品は載っていないのだが、私はそうした辞書より多く作品を示して供するので、通読されたい。そしてすべて、あるいはその最初の部分を一度よく学び、後に見いだすであろう索引をなれるまで暗唱すれば、中国の語彙は何の苦も無く必要なときに探し出すことができるだろう。(…)

千葉謙悟「来華宣教師の中国語教育」二〇一〇年

四書を暗記する重要性については、その根拠を次のように述べる。

なぜなら、宣教師は中国人の本をタイミングよく賞賛し、その記憶にたくさんの知識を保持し、それらについて中国人の教師よりも上手く説明するような外国人を、中国の文人たちがどれだけ評価するか、すぐに経験することになるのだから。

千葉謙悟(前掲書)

二人の中国語文法書を比較すると、ドミニコ会士のヴァロの『官話文典』は、ラテン語文法の枠組みで解説し、中国語はローマ字で表記され漢字は用いられていない。イエズス会士のプレマールの『中国語文注解』は、中国語文法の特質の解説を中心とし、漢字の行書で表記されている。文体や作文のコツ、比喩表現への関心を促し、文学作品から多数の用例を示している点、さらに、読書案内や学習指南から、その目標が高く、高度な中国語の担い手や研究者の育成を想定していたと推測される。ちなみに、在日イエズス会士ロドリゲスの『日本語大文典』『日本語小文典』なども、同様の想定で書かれたものであった。

では、ヨーロッパではどのような文法書が好まれたのだろうか。ヨーロッパでは、非イエズス会系の宣教師による中国語学書が受け入れられたのに対し、イエズス会士の著作は利用者に恵まれなかったという。その要因として、在華イエズス会士の中国語力は他と比べて高い水準を維持しており、後任の宣教師に求める言語知識や能力はかなり高いものがあったためと想像される。一方、日常生活において漢字に触れたことのないヨーロッパの人々が未知の言語を学ぶ際、初学者には、馴染みのあるラテン語文法の概念を用いた解説やローマ字で書かれた文法書のほうが取り組みやすかったのは明白である。プレマールの文法書が使いこなせたのはごく限られた研究者であったのは確かであろう。

二・七　中国人信徒、禁教下の中国からヨーロッパへ密出国!?

イエズス会在華宣教師たちの適応主義は、これまで述べてきたように、日本布教におけるそれとは異なっていた。日本布教では、「適応」が仏教との関わりで問題になったが、中国での「適応」は、儒教との関わりの中で問題が生じた。これを子細に論ずるのは本書の任に余るが、歴史の顛末は次のようである。この問題を解決するためにリッチは儒教とキリスト教は対立するのではなく、キリスト教は儒教を補完するという考えを打ち出した。しかし、こうした解釈をする「適応」主義は、やがて、キリスト教の他の宗派から批判をあび、中国側からも西夷僭越という非難が起こり、やがてキリスト教布教活動が全面禁止とされるのである。

さて、在華宣教師の活動が不可能になると、中国人信徒たちへの期待が高まる。中国人信徒に聖職者としての教育を受けさせるため、イエズス会士たちはある方法をとった。それは彼らがヨーロッパに帰国する際、中国人信徒を伴い、彼らを教会のルートで神学校に入学させるという方法、つまり、中国人信徒たちをヨーロッパに留学させるのである。一六世紀末にヴァリニャーノは天正の少年使節団をヨーロッパに送ったが、その目的は、日本人信徒の育成とともに、日本布教の成功を知らしめ予算を獲得することであった。一方、中国人信徒をヨーロッパに派遣する目的は、彼らを神学校で学ばせ、中国布教の担い手を養成することであった。彼らは、中世ヨーロッパの必須の教養科目である七芸とともに、ラテン語やギリシャ語の文法の教職実習も受けた。フランスではルイ一四世に謁見し、イギリスでは、オックスフォード大学の著名な学者らと面会した。パリでは東洋学者に中国語を教え、ルイ一四世の命でフランスの東洋学者と共に中国語の文法書や辞書の編纂にも携わるオアンジェのような者もいた（第五章参照）。

イタリア人イエズス会士マテオ・リパ（一六八二〜一七四六）も、教会のルートを通じて中国人信徒をヨーロッパに連れ帰った一人である。リパは、彫刻や絵画の才能に秀で、清朝の全盛期を築いた康熙帝に寵愛された人物でもあった。一七二二年、四人の中国人を連れてイタリアに戻ったリパは、ローマ教皇や国王に懇願し、ナポリに中国学院を創設した。この学院の運営や彼らの住居費は、教皇やローマの布教聖省が負担した。

中国で、キリスト教の布教活動が全面禁止とされ、西洋人の入華が難しくなると、中国人を密出国させるケースが増えていった。こうして、ナポリ中国学院は、中国布教をめざすヨーロッパの宣教師だけでなく、中国人宣教師も育成し、さらに東洋への経済的進出を支援する機関として位置づけられるようになった。一七三二年の開校から一八六八年までの一三六年間の卒業生数は、中国人一〇六名、イタリア人一九一名、トルコ人六七名であったという。この数字にフランス留学した中国人を加えれば、かなり増え、ヨーロッパに渡った中国人がいかに多かったかということが分かるだろう。イタリアでも、中国語の入門書を著し、当地で出版した中国人もいた。この学校は、現在はナポリ東洋大学という名称で、ヨーロッパ最古のアジア研究教育機関として知られ、五〇を超える言語が教えられている。

在華宣教師の活動が禁止された後、中国人の司祭を育成すべく、ヨーロッパへ密出国させられた中国人信徒は、留学先で中国語の教壇に立ち、教材を編み、現地の東洋学者を助けた。若くしてヨーロッパに留学した中国人の中には、中国語をすっかり忘れてしまい、マカオで中国語を学んでから、帰国を果たすといった例もあったという。

三　イエズス会士、満州語で清朝に仕える

三・一　漢字と満州文字——満州語で読む中国文明

宣教師はだれもが、リッチのように、漢字をマスターできたわけではない。数十のアルファベットを覚えればよい言語を使ってきた彼らにとって、一つ一つの文字が意味を持ち、形も複雑で、しかも無数に見える漢字を習得するというのは、途方もない作業であった。しかし、適応主義のもと、布教地の言語に熟達することを最優先に考えるからには、中国語の根幹である漢字の理解が不可欠である。漢字に初めて出会った宣教師たちの率直な感想はどうだったのだろうか。

シナ文字というものは一種の魔法文字で、はじめは判読不能のように見えます。しかし、じっとみつめ、そして想像力と記憶力をとことんまで使うと、それに見分けがついてきて、分かり始めるのです。

（一七〇二年フーケ師の書簡）
矢沢利彦（前掲書）

これは、宣教師の入華からすでに一〇〇年以上の年月が経ってからのものである。

この国の文字について申しますならば、人がこれを学習する労苦を我が身に課することのできますのも偏えに神のためなればこそであることを確言します。五ヶ月間たっぷりかけてわたしは一日八時間辞書を写しました。この労働はわたしについに字を読めるようにさせました。そしてわたしは十五日間当地で一読書人について、朝夕三時間ずつ漢字を調べ、子供のようにたどたどしく読んで暮らしました。この国のアルファベットは四五〇〇〇の文字からなっています。これも通用の文字のことをいっているのです。というのは、全部ならば六〇〇〇〇字にも達するのでありますから。

（一七〇三年、ド・シャヴァニック師の書簡）
矢沢利彦（前掲書）

このように漢字の習得に大きな困難を感じながら、多くの時間があてられていた。ところが、漢字学

図５　満州文字（一番右、その左は漢語、チベット語、モンゴル語）
（https://ja.wikipedia.org/）

習に苦しむ宣教師たちが中国の古典を理解するもう一つの方法があった。その鍵は清朝の公用語にあった。清朝は、支配者が満州族であり、公用語は、満州語、漢語、モンゴル語であった。清朝の皇帝が代々そうであったように、第四代の康熙帝も満州族であり、康熙帝はこの三言語を操った。康熙帝がまず宣教師たちに要請したのは、満州語を学ぶことだった。このことは、何よりも漢字学習に苦しむ宣教師にとって福音であった。中国の古典は、満州語にも翻訳されていたのである。満州語の文字（図５）は母音字と子音字で表記される表音文字であり、漢字で表記する中国語と比べ、はるかに簡易な文字体系を有していた。

　宣教師たちの救世主となった満州文字について、説明しておこう。清朝を築いた満州族はもと女真族の一派であり、漢字の影響を彷彿とさせる女真文字を持っていた。しかし、モンゴルに滅ぼされ、女真文字が使われなくなってしまったため、書き言葉はモンゴル語を用いるという習慣が一六世紀末まで続いていた。満州文字は、後金（後の清）を建てたヌルハチが、国内の学者に命じてモンゴル文字をもとに作ったものであった。満州族が清朝を建国した一七世紀以降、大量の中国の文献が満州語に訳されようになった。そこに漢籍も含まれていた。こうして、宣教師たちは、中国の古典を満州文字で読むことができたのである。

漢字学習に苦戦する西洋の宣教師は、清朝の第一言語となった満州語を習得した。古今中国の思想や歴史、文化、政治体制についての研究は、漢文と満州文字で記された文献を利用しながら進められたのである。こうして、宣教師たちが翻訳した中国の古典名著や中国に関する膨大な報告がヨーロッパに届けられていった。宣教師たちは、官話の読み書きに大きな困難を感じていたが、漢字の十分な知識がなくても満州語を介することで漢籍を理解することができ、西洋に伝えることもできたのである。

フランスの啓蒙主義者ヴォルテールも、また、ディドロやダランベール、ライプニッツも皆、宣教師の翻訳書や彼らが伝える報告書を通じて、中国に関する知識を得ていたのである。

三・二　専制政治と教会、ルイ一四世が派遣したブーヴェ、康熙帝に仕える

当時の教会は専制政治と不可分な関係にあった。イエズス会士による中国布教を保護していたのは、フランスの専制君主ルイ一四世であった。彼の命によって派遣された宣教師の一人に、ジョアシャン・ブーヴェ（一六五六〜一七三〇）がいる。ブーヴェは清朝の皇帝康熙帝や満州語学習についてどのような報告をしていたのか紹介しよう。

皇帝は韃靼（満州）語でも漢語でも優美な文章を書きになりいかなる在朝の王侯よりも巧みに両方

を話されます。それゆえ皇帝はシナの名著名籍を残らず文庫に備え付けるために苦心されました。数名の知者が天下の名著を正確に捜出する任を帯びております。皇帝はこの人たちが見つけて選び出す典籍にことさら親閲を賜りたいと考えておられます。そのうえ、漢文の名著を韃靼語に絶えず飜訳している練達の士が控えております。その結果、韃靼語がきわめて豊富になります。特に韃靼人に対しては漢文の名籍に対する理解がたやすくなります。彼らの多数は殆ど漢文に熟達しておりませんから、漢文の名著が韃靼語に飜訳されてなければ、碌に読むことも出来ないでありましょう。この利益は彼らにとっても、宣教師にとっても共通なものであります。文法から見て、漢語と比較すると、韃靼語の方が遥かに容易でありますから、宣教師は僅かな間に韃靼語訳によって漢籍を利用することができます。宣教師は漢文を数年研究したあとでも、ただ不完全に漢籍を理解することが出来るにすぎません。

ブーヴェ『康熙帝伝』後藤末雄（訳）矢沢利彦（校正・注）一九七〇年

ルイ一四世の命によって中国に派遣されたブーヴェは、康熙帝の伝記『康熙帝伝』（一六九二）を刊行した。その巻頭で、康熙帝はルイ大王に似ており、自国民からも隣国民からも崇敬され、実力と徳行を兼備する帝王であるとほめちぎり、これをルイ一四世へ献上した。康熙帝の名は、瞬く間に、中国歴史上の名君として、ヨーロッパに知られることとなるのである。

（ゼルビヨン師とブーヴェ師とに）非常に愛顧をお与えになった皇帝は、かれらと会話することができるようにするため、韃靼語を学習するようかれらにお勧めになりました。皇帝はこのためにかれらに教師をお与えになり、かれらの勉強に特別の配慮をなさって、かれらに質問されたり、かれらの作文を親しくお読みになったりまでして、かれらがこのシナ語よりは遥かに学習し易い言語にどれだけ進歩したかを試そうとなさりました。

（一七〇三年、ド・フォンタネーの書簡）
ブーヴェ（前掲書）

ブーヴェをはじめとするイエズス会士は、満州語に熟達し、康熙帝に満州語で幾何学や天文学などを進講した。学ぶことに熱心な帝は西洋科学に心酔していくと、近代科学を伝える学識あるイエズス会士を重んじるようになり、清朝への様々な貢献から、彼らの布教を許すようになったのである。一六九一年に国内でキリスト教を邪教として扱い宣教師を追放しようとする動きがあったが、このとき、康熙帝はイエズス会に対しては寛容な態度をとった。その背景には、満州語に熟達した宣教師たちの清朝への多方面における貢献があった。その一つが、ロシアとの領土をめぐる条約交渉であった（後述）。しかし、時代は、キリスト教の布教を全面禁止とする流れを食い止めることはできなかった。

三・三　イエズス会士アミオ、「明晰な」満州語をヨーロッパに伝える

宣教師たちは、満州語を習得し漢籍を読み解くだけでなく、満州語そのものをヨーロッパに紹介した。彼らは、西洋科学を皇帝に進講する際に満州語を用い、数学や医学、音楽に関する書物も満州語で

著した。その一方で、ヨーロッパの人々に向けて、満州語を紹介する文法書や辞書を作成する者もいた。

『満州語文法』（成立年不詳　ドマンジュ、フランス）
『タタール語のエレメンタ』（一六九六　フェルビースト、ベルギー）
『タタール満州語の文法』（一七八八　アミオ、フランス）
『タタール満州語・フランス語辞典』全三巻（一七八九～一七九〇　アミオ、フランス）

などである。満州語は早くも一七世紀のヨーロッパに紹介されていたのである。中でも、フランス人イエズス会士のジャン・ジョゼフ＝マリー・アミオ（一七一八～一七九三）は、清朝に満州語とラテン語の通訳として登用され、実務的場面で活躍するとともに、文法書や辞書を著している。彼は、中国語に関しては、「漢語は特異で他のいかなる言語にも似ておらず、ヨーロッパ人には困難以外の何物も与えない」と記し、古代中国の漢字について「省略と変形が行われるや否や、それらは明らかにもはや認識不能となった。ついでにいえば、漢字が漢代の経書を難解にし、それらの曖昧さの主因となっている」と述べ、

満州語は漢語よりはるかに明晰で文句なしに我々ヨーロッパの言語のごとく体系的である

新居洋子『イエズス会士と普遍の帝国』二〇一七年

と紹介した。さらに、『タタール満州語の文法』(一七八八)の中では、ヨーロッパの学者たちに満州語学習を勧め、満州語普及を企画し、パリの王室図書館には二〇〇冊以上の満州語典籍が収められたという。一七七三年、イエズス会は、ローマ法王庁から解散命令が下るも、アミオはそのまま中国に留まり、「北京イエズス会士論集」全一六集を出し続けた。刊行は、一七七〇年から一八一四年にかけて行われた。一七八九年、フランス革命でルイ王朝が倒れ、庇護がなくなった後も、中国に関する研究成果を発信し続けたのである。

ブーヴェは『康熙帝伝』を著し、ルイ一四世に献上した。さて、翻って日本ではどうだったろうか。信長や秀吉、家康に仕えた宣教師はいた。信長に仕えたフロイスや家康に仕え追放されたロドリゲスも、日本史に関し詳細な報告をまとめた。いずれもローマに届けられたが、直後に刊行されることはなかった。アミオがヨーロッパで満州語を広めようとしたように、ヨーロッパで、日本語学習を勧め、日本語普及を企画するような宣教師がいたという記録もない。その後、アミオの努力は実を結び、フランスの東洋語研究の黎明期に数多くの満州語の教科書が作成されるようになるのである(第五章参照)。

三・四　ラストエンペラー溥儀の満州語「イリ」

清朝末期の満州語について、加えておこう。満州語は、清朝を統一した満州族の母語であり、公用語であったが、次第に漢語に置き換えられ、話者も減少していった。清朝の三代目皇帝順治帝は中国の古典や文学書に親しむなど、中国文明に傾倒し、四代目の康熙帝も四書五経に通じていた。やがて、満州の民族文化は徐々に漢文化と同化していった。満州族独自の文化と言語は衰退の一途をたどり、満州語、満州文字も次第に使用されなくなり、現在、消滅危険度の高い消滅危機言語の一つとされている。

清朝最後の皇帝、愛新覚羅溥儀（一九〇六〜一九六七）もほとんど満州語ができなかった。溥儀は、自伝『わが半生』（一九六四）で次のように回顧している。

私の学業成績のもっとも悪かったものとしては満州語をあげなければならない。何年もかかって、一語しか覚えなかった。それは満州族の大臣が私のところへご機嫌うかがいに来、床にひざまずいて例のとおり御機嫌うかがいの言葉（意味は臣何某ひざまずいて陛下のご機嫌をおうかがい申し上げます、というものだった）を述べたのち、私が答えねばならないあの言葉「伊立《イリ》」（立て）だった。

大臣がひざまずいてご機嫌伺いをしているとき、皇帝が「立て」と言わなければ、大臣はいつまでも地面に跪いていなければならないので、「立て」という単語は皇帝にとって必須表現だった。皇帝たちが中国文明に傾倒していたとはいえ、清朝は満州族の王朝であり、末期においても、宮中の重要な礼式では満州語を使っていたことがうかがえる。ちなみに、溥儀は一九一一年、五歳のときに宮中で学問を始めたが、これは清朝最後の年であった。

三・五　宣教師のラテン語と対露ネルチンスク条約

宣教師たちは、皇帝の信頼を得ると外交面でも重用された。ロシアとの国境策定をめぐる交渉にあたり、満州語やラテン語に秀でた宣教師たちを通訳として参加させ、清朝に有利な条約の締結に成功したのである。清朝が宣教師を通訳として重用することとなった背景には、中華を世界の中心とする「華夷秩序」の価値観があった。

中国は世界文明の中心であるという価値観のもとでは、周辺の民族や近隣国を「臣下」とみなし、中国人がこの「臣下」の言葉を学ぶのではなく、彼らが中国語を勉強して通訳をするというものであった。明代に、四夷館、会同館を設置していたが、従来から朝貢形式の外交を行っていたため、自国の翻訳通訳官を持つ必要がなく、養成には力を入れていなかった。このため、ロシアとの領土をめぐる交渉に、満州語やヨーロッパの言語に秀でた宣教師の力に頼ることになったのである。

一六八九年、清朝とロシアの間でネルチンスク条約が締結された。一九世紀に締結を余儀なくされた一連の不平等条約と異なり、この条約は両国が対等の立場として結ばれたものとして知られるが、その背景には宣教師の存在があったのである。条約締結の際の正式通訳の一人は、前述のゼルビヨンだった。ジャン・フランソワ・ゼルビヨン（一六五四～一七〇七）は、一六八七年に、ルイ一四世に派遣されたフランス人宣教師で、満州語に熟達し、康熙帝に数学を進講していた。『韃靼紀行』、『満文字典』を著した。ゼルビヨンらは、一六八九年に清朝とロシアとの国境紛争勃発に際し、清朝代表団のラテン語通訳を務め、ロシアの要求を退けた。ネルチンスク条約で策定された国境は、現在のロシアと中国の国境から見れば、大幅にロシア側に食い込んでおり、清朝にとって決して不利な内容ではなかった。条約はラテン語、ロシア語、満州語で書かれ、正文はラテン語とされた。以来、ロシアとの交渉にイエズス会士が関わることが慣習となり、後には、前述の満州語辞書を作成したアミオも交渉にあたった。

宣教師による対露外交への貢献は、皇帝の厚い信頼を獲得することができ、イエズス会に対する寛容な扱い、ひいては正式な布教許可に結びついたのである。一方、「華夷秩序」の価値観のもと翻訳通訳官の本格的養成に取り組んでいなかった清国にとって、外交において言語がいかに重要であるかに気づくきっかけともなった。

さて、翻って日本の初期の対露交渉はどうだったのだろうか。一九世紀のレザノフ率いるロシアの第二回遣日使節団が国書を携えて長崎で交易を求めたときにさかのぼるが、このとき、日本側はオランダ商館長と日本のオランダ通詞が通訳をつとめた。対日交易を独占しているオランダは、自国の利権を損ないかねない他国の対日貿易への参入要求をはねのける十分な動機があった。オランダ商館長は、長崎常駐の貿易交渉や通訳・翻訳を専門とする日本人のオランダ通詞と、ともにロシアの要求を退けた。「華夷秩序」の価値観のもと、対外交渉の通訳を宣教師に任せた清朝とはこの点で異なった。

四　ヨーロッパの変わりゆく中国像

四・一　ヨーロッパの近代化と中国文明の翻訳

宣教師たちは、ヨーロッパの近代科学を清朝に伝える一方、彼らが学び、解釈した中国文明をヨーロッパに届けた。そして、シノワズリに、思想や文化の息吹を与えた。宣教師たちの高い学識と卓越した語学力によって東西文化交流が精彩を放つようになった。

在華宣教師たちがローマに書き送った書簡は、『イエズス会士中国書簡集』として出版され、在華宣教師とヨーロッパの知識人が情報の受け渡しをするようになると、中国に対する認識が高まり、一連の情報は書籍として刊行され広まっていく。その数は、皇帝に送った漢書を含めると膨大な量に及ぶという。思想家や学者たちは、これらから体系的な知識を得ていくのである。

ヴォルテールは「科挙」の合理性に驚嘆し、朱子学を賞賛、ケネーは中国の経済構造の研究から「経済表」を生み出した。哲学者、数学者として知られるライプニッツが「易」の思想から二進法を思いついた。フランスの専制政治と抱き合わせのカトリック教会を非難する思想家たちにとって、その参照先が中国だった。ヴォルテールやモンテスキューは、立場は異なるが、ヨーロッパの政治や宗教について議論する際、中国を重要な参照先とした。こうして、宣教師たちが熱心に中国文明をヨーロッパへ紹介し続けると、彼らが伝える中国の思想や政治体制は、ヨーロッパの専制政治やカトリック教会に疑問を呈する思想家たちに、批判の参照先として大いに利用されたのである。

大航海時代以降、ヨーロッパの人々は、地球上には広大な世界があり、ヨーロッパだけが人間の住む世界ではなく、ヨーロッパの尺度だけで物事を考えることに疑問を呈するようになった。そして、非ヨーロッパの世界に古い歴史と高い文明があることを知るに至るのである。こうして、他者を発見したヨーロッパが、世界の多様な文化に目を開く比較文化の視点を得るようになると、ヨーロッパ世界の文明を再検討、再評価する試みが行われた。ヨーロッパ文明の再検討、再評価にあたり基準となったのが、中国を筆頭とするアジア諸国の文明であった。この神に支配されたヨーロッパ文明の再検討こそ、近代化を促していったのである。

森羅万象、人もこの世もすべてを支配するのは神であった。当時のヨーロッパは絶対の権力を持った専制君主の支配のもとにあったが、その思想の支柱は教会であった。しかし、啓蒙思想家ヴォルテールは、中国の歴史は、聖書が説くところの天地創造が神とは関係ないこと、中国には常に政治に介入するキリスト教会がないことを指摘し、ヨーロッパの教会と一体化した専制政治を批判した。

ヨーロッパの近代化とは、ヨーロッパが神の支配する社会から、人間がその意思によって支配する社会に変わることから始まった。ヨーロッパの近代化の過程に、中国をはじめとしたアジア認識があった。これは、中国やアジア諸国が、ヨーロッパに出かけて行って主張したのではなく、イエズス会士が伝えた中国像によるものであった。それをなしえたのは、宣教師たちに優れた語学力があったからにほかならない。

四・二　中国ブームのたそがれとジャポニスムの夜明け

軍隊のごとく統制力を持ったイエズス会は、世界へ勇敢な尖兵を送った。彼らは豊かな教養を備えていた。人文学だけでなく、最新の科学をたずさえて中国に乗り込んだ。皇帝や貴族の庇護を受けた彼らは、中国文明をヨーロッパに発信し続け、その勢いはとどまるところを知らず、アミオらの活動に見るように、フランス革命でその保護を失ってもなおも発信し続けた。しかし、清朝による度重なるキリスト教迫害は、宣教師のヨーロッパへの報告にも影響を与え始めた。すると、ヨーロッパの孔子や儒学に対する熱もさめていくのである。

一八世紀末になると、イギリスが東アジアに現れるようになった。清朝との貿易交渉に臨んだイギリス最初のマカートニ使節団は、皇帝への最敬礼である「三跪九叩頭礼」を求められたが、皇帝に対する臣下を意味するこの礼を拒絶、自由貿易も認められず帰国した。ちなみに、この礼とは、皇帝に対面するとき、三回跪き、その都度、頭を三回、あわせて九回床につける中国の儀式である。マカートニは旅行記を残し、イエズス会の報告は中国を過剰に美化していると批判、それまでとは大きく異なる中国像を提示した。

ヨーロッパから中国ブームが去ると、ジャポニスムが一世を風靡するようになる。一七世紀のヨーロッパに届けられた、漆や伊万里焼、唐津焼などは、オランダ商館員が特注し日本の職工に作らせたものである。一九世紀になると、浮世絵や根付など、大量の日本の美術工芸品が西洋に渡るようになった。これらは西洋の美意識に大きな影響を与え、ジャポニスムという文化現象として、美術やデザインを刷新していった。ゴッホ、モネ、ドガをはじめとする芸術家たちの作風や、エルメス、ティファニー、ヴィトンらの大衆向けの製品戦略に日本の美意識や自然観が影響を与えるようになった。やがてジャポニスムを源流の一つとし、アール・ヌーヴォーやアール・デコといった芸術様式が誕生するのである。

そんな中、一八世紀末のパリに東洋語学校が創設された。初代校長に満州語にも通じていたラングレスが着任する。一九世紀に学問としての中国学研究が始まると、中国語の知識のある者が日本語研究に挑むようになる。一九世紀にフランスやオランダで始まった日本研究は、発祥は異なるが、中国研究の影響を受けながら始まった点は共通するのである（第五章参照）。

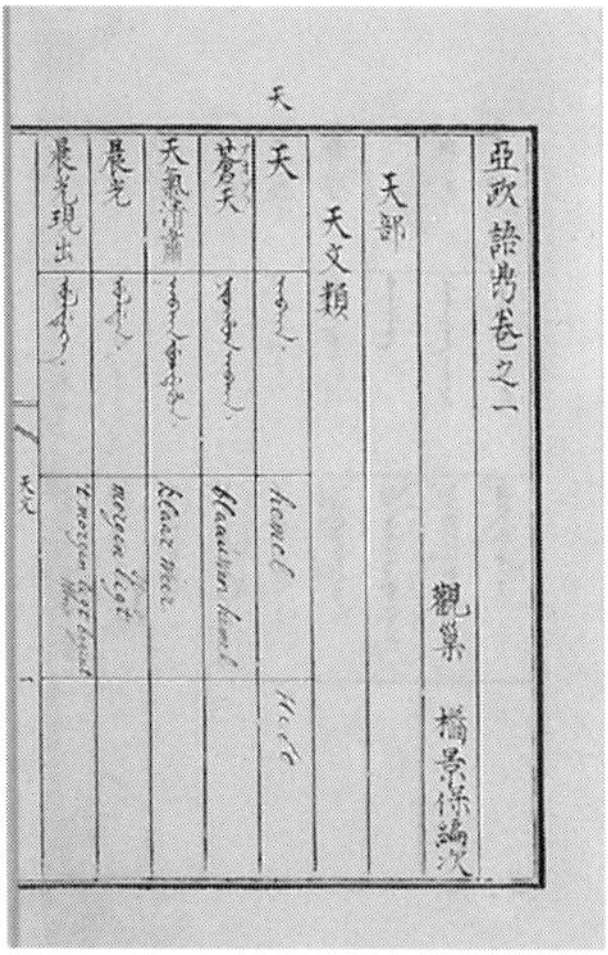

図6　『亜欧語鼎』　漢語・満州語・オランダ語（ロシア語も）併記
（国立公文書館　https://www.archives.go.jp/）

四・三　日本の満州語研究、高橋景保の辞書

満州語は、同時代の日本で学ばれていたのだろうか。隣国清とは、長崎で交易においてつながっていた。交易を取り持つ唐通事は、明朝の時代と変わらず、漢民族の話す中国語が世襲されていた。そのような中でも、儒学者の荻生徂徠が『満文考』を記し、満州文字について解説しており、日本でも満州語に関する書物が作成されていた。

ところで、唐通事たちが満州語の学習を命じられたのにはあるきっかけがあった。ロシアの第二次遣欧使節団であるレザノフの来航である。彼が持参したロシア語の国書に、満州語の訳文も添えられていた。日本で隣国の清の公用語である満州語が通じると思われていたのであろう。これをきっかけに、幕府は、天文方の高橋景保と長崎唐通事に満州語の学習を命じたのである。高橋は、日本語・中国語・満州語・オランダ語・ロシア語の辞典である『亜欧語鼎《あおうごてい》』（図6）を編纂した。この辞書は、日本で初めての、アジア（中国語と満州語）とヨーロッパ（オランダ語とロシア語）の言語の対訳辞典となった。見出し語は中国語であり、そのわきにカタカナで日本語が添えられている。次に満州語とオランダ語が、一部の単語にはロシア語も添えられた。

天文学や地理学に詳しい高橋は、幕命で、間宮林蔵の日本地図の制作の監督をつとめた。江戸参府したシーボルトと交流し、学術資料を交換したが、国禁の（国外への持ち出しが禁じられている）日本地図を送ったことが発覚し、シーボルトは国外追放、高橋は投獄され、翌年獄死した。

海外布教をめざすイエズス会宣教師たちは、適応主義のもと布教地の言語習得を最重要課題とし、優れた辞書や文典を生み出した。一方、現地の文化を学ぶには、漢字の習得という大きな壁が立ちはだかったが、在華宣教師の中には、マテオ・リッチのようにこれを克服し古典の翻訳を行った者もいた。やがて、宣教師たちは、表音文字で記される満州語を習得し、満州語に翻訳された中国文明を読み解き、ヨーロッパに伝えるようになった。満州語は、隣国清の公用語であったが、当時の日本では幕命で研究される程度であった。

第三章　開国前夜の英・仏の中国語・日本語学習

一　イギリスのアジア戦略

一九世紀に入ると、あらたなアジア研究の担い手としてイギリスが登場する。世界各地に植民地を拡大していくイギリスは、このころ、アジア海域での活動を活発化し、華僑が多く居住する地で中国語研究に取り組んだ。その中から日本語の語彙集が誕生した。フランスは少し遅れて日本語の学習を始めた。いずれも日本の開国前のことである。この時代の中国語研究は、幕末明治の西洋人の日本語学習や、日本の西洋語研究に大きな影響を与えた。日本と西洋を結びつけることとなったイギリスの中国研究についてまず紹介しよう。

一・一　プロテスタント宣教師と外交官

一八世紀までに出版された中国語に関する書籍は、ラテン語やフランス語、スペイン語によるものが中心であった。しかし、一九世紀になると英語による語学書が目立つようになる。その先鞭を切ったのが、ロンドン宣教会の宣教師やイギリスの外交官であった。

イギリスと中国の関係は、第二章の最後で述べたように、一七九二年、ジョージ・マカートニを大使とする政府の貿易使節団が清朝に派遣されたときに、正式の接触が始まった。時の皇帝、第六代乾隆帝は、これを遠方からの「朝貢使節」とみなし、額を地面に打ち付ける「三跪九叩頭礼」を求めた。ところが、マカートニはこれを拒否した。それまでのイエズス会士とは異なり、中華儀礼を一蹴したのである。帰国後、旅行記を刊行するが、彼らが記した中国情報は、これまでの中国文明を称賛するイエズス会のものから大きく変容し、次第に、経済的、軍事的優越感から、人種的偏見に満ちた嘲笑的な中国像がヨーロッパにもたらされるようになるのである。

当時の清朝は貿易港を広州一港に制限し、特許商人たちによる公行貿易が行われていたが、イギリスはこの制限を解いて自由貿易への移行を強く望み、条約締結を迫っていた。その背景には、一八世紀末、イギリスで紅茶を飲む習慣が広がり中国から茶葉の輸入が増大したことによる輸入過多の状況があった。イギリス東インド会社はこの是正にむけ、インド産アヘンなどを中国へ輸出することを画策し、自由貿易を求めていたのである。マカートニ以降も使節団が派遣されたが、通商条約の締結という目的は達成されなかった。こうしたイギリスの商業的野望と並行し、中国情報を収集するため、マラッカなど、西洋の支配地域に多くの宣教師が渡るようになった。

ロンドン宣教会が中国人への宣教計画を立て始めたのは、一八〇五年であった。当時は中国本土には入国できなかったが、西洋諸国の勢力下にある地域に住む華僑を改宗することは可能だろうと考え、マラッカに宣教師を派遣し、中国情報の収集にあたらせたのである。まずは、言語を習得し、中国人の思想、儒教習慣、官話と方言などの研究を始めた。当時の宣教師の中で、言語面での功績により知られているのが、ロバート・モリソン（一七八二～一八三四）、ヘンリー・メドハースト（一七九六～一八五七）、ジェームズ・レッグ（一八一四～一八九七）らである。彼らは、語学に対する抜群の才能を発揮し、新約聖書の漢訳、華英辞書（中国語・英語辞書のこと、本書では通例に従いこう呼ぶ）や中国語の文法書を作成した。モリソンは、『華英・英華字典』を、メドハーストは、『華英字典』のほか『英和・和英語彙集』を作成したことで知られている。レッグは中国古典の英訳書を多数刊行し、一八七六年には、オックスフォード大学の初代中国語教授に任命されている。

宣教師以外には、この時期、軍人として中国に渡り、外交官となったトーマス・ウェード（一八一八～一八九五）がいる。彼は、中国語の発音のローマ字表記法を考案し、「ウェード・ジャイルズ式」という名称に名を残している。ウェードも、一八八八年にケンブリッジ大学が中国語講座を設けると初代の教授に任命された。

イギリスはアヘン戦争の結果、一八四二年に南京条約を結び、中国に香港島の割譲と五港の開港を認めさせると、領事館をおき東アジアの拠点を築いた。こうして、公行貿易は廃止され、東アジアの中国を中心とした朝貢体制は終止符が打たれ、イギリスは中国を自由貿易体制へ移行させることに成功した。しかし、キリスト教布教の解禁は、一八六〇年の北京条約まで待たなければならなかった。

このようにイギリスの中国研究は、産業資本主義が発展し、自由貿易主義が台頭していく時期に、中国情報の収集に取り組む宣教師の活動と密接な関係を持ちながら展開していった。まずは、日本の外国語学習やイギリスの日本語学習に、影響を与えたモリソンとウェードについて紹介しよう。

一・二　モリソンの華英字典――ロンドン宣教会派遣宣教師

プロテスタントは、設立当初、ヨーロッパ域内での活動が中心であったが、一九世紀に入ると海外宣教団体を次々に設立し、海外布教活動を本格的に展開するようになった。『華英・英華字典』の編纂で知られるロバート・モリソン（一七八二～一八三四）は、ロンドン宣教会が中国に派遣した初めての宣教師である。

彼は中国語に出会い、その優れた語学の才能をいかんなく発揮し、多くの著書を残した。二五年に及ぶ滞在中に、初めての新約聖書の漢訳、『華英・英華字典』（一八一五～一八二三）の編纂、中国語文法書の作成を行い、さらに、中国系住民とヨーロッパの人々が共に学ぶ英華学院をマラッカに開設した。一連の活動には中国語教師となった中国人の協力があった。禁教下において、中国人が宣教師に中国語を教えたり、キリスト教に触れた印刷物に関わったりするという行為は発覚すれば極刑にも相当するものであり、命がけの協力であった。

こうした清朝の体制を懸念し、イギリス東インド会社は、モリソンとの関わりを避けてきたが、やがて、言葉に長けたモリソンを通訳官に雇い、出版の資金や人的支援も行うようになった。三部六巻の『華英・英華字典』（以下、モリソン字典と呼ぶ）は、四六〇〇頁にも及ぶ大著であり、初の英語による本格的な中国語辞書となった。一七～一八世紀に作成されたイエズス会のものと比べると、『康熙字典』をはじめ、参照できるものがかなりあったことは有利であった。モリソン字典の特徴は、西洋語の概念を中国語に翻訳する際、新語を誕生させ、近代中国語に影響を与えたという点であろう。この字典は、後述するドイツ出身の宣教師ロブシャイドによる『英華字典』に先んじた成果であり、その後の辞書作成に影響を与えた。幕末から明治にかけて多数作成された日本の英和辞典は、このロブシャイド字典の影響を大きく受け近代語彙が形成されていったことを考えると、明治日本の近代語彙の形成過程にモリソン字典も間接的に影響を与えていたことになる。

モリソン字典に収録された翻訳語彙の特徴について紹介しよう。翻訳語彙については、同時代の日本でも、オランダ医学や西洋科学を日本に紹介するにあたり、日本語にない新たな概念をどのように翻訳するかという点は重要な課題であった。日本で西洋の新概念の和訳に取り組んだのは、幕府の天文方や蘭学者やオランダ通詞らであったが、彼らの参照先の一つは漢訳本であった。新たな概念を和訳するにあたり、中国語の中に新たに生まれた翻訳語が参考にされたのである。ここで、新語誕生の起源をたどるべく、モリソンの訳語を作り出す過程で、従来なかった新しい概念を表すために新語を創造するという方法がどのようなものであったか、すなわち、中国語にない西洋の概念を、中国語を母語としないモリソンがどのように中国語に置き換えていったのか、紹介しよう。

モリソンの翻訳についての考え方であるが、彼は直訳を重視し、字典にある用例の中国語を正確に翻訳したという。かつてイエズス会士を中心とするヨーロッパ人が中国人の協力を得て多数の翻訳を行っていたが、モリソンは、その多くは紹介程度であり忠実な翻訳とは到底言えないと言い、マテオ・リッチの時代から行われてきた「口述筆録」すなわち、宣教師が口述し、中国文人が筆録するという方法に対し批判的な態度を示し、次のように述べている。

中国において翻訳はまだ幼児期にある。翻訳技術を学習した知識人が一人もいない。朝廷自身も優秀な満州語翻訳人材の確保に苦労しているようである。イエズス会主導で編集された科学関連書物は完全な翻訳書とは言えず、ただ中国人によって編集されている一般的なヨーロッパの概念を含んだ書物にすぎない。すべての書物の翻訳者は二つの責任を持っている、第一には正確に原書の意味と原書の精神を理解すること。第二には、訳者の言葉で忠実に、正確に、流暢に原書の意味と精神を翻訳すること。

朱鳳『モリソンの「華英・英華字典」と東西文化交流』二〇〇九年

こうした翻訳観のもと、次のような方針で辞書を編纂したという。

一、中国語にある対訳語を利用する、あるいは音訳する

二、対応する中国語がない場合、英語の単語を短い句に訳す

三、中国語にない西洋概念の場合、固有語彙を工夫して翻訳する

一九世紀に流入した大量の西洋の書物から新しい概念を翻訳する際、基本的にモリソンの方法が踏襲されているという。朱鳳は、この三の例として、bankを挙げ、次のように説明する。一九世紀初頭の中国で西洋の金融システムであるbankという機構は存在していなかったが、モリソンは、銀本位制をとり、銀貨が流通していた中国の金融機関である「銀舗」をbankerという英語で対応し、銀貨を扱うところと西洋のbankとの違いを説明つきで字典に収録した。広東特有の「銀行会館」や外国と取引の

ある会社が「～行」と呼ばれていたことから訳語として「銀行」が生まれたという。すなわち、モリソンの訳語創出にあたって、中国固有語彙の本来の意味を踏まえて派生語を作り、固有語彙に新しい意味を付与するという方法を重んじたというのである。

モリソンは聖書の漢訳を完成させたが、これは日本布教をめざす宣教師たちの必携書となり、日本でヘボンが初の和訳聖書を作成した際にも、後述するように大いに活用された。

一九世紀初頭の中国では、広東地方で少数の中国商人が外国人と交易の業務を行う際に、ピジン英語（英語を母語としない人と話す時に使われる簡略化された英語）を扱った以外、ほとんどの中国人にとって翻訳も外国語も無縁であった。前述の朱鳳によれば、中国では、西洋人は夷人、蛮夷、化外之人と蔑まれていたため、中国人にとっては、外国語は顧みる価値もない夷人の言語で、翻訳方法も顧みられることはなかったのだという。

なお、モリソンの字典は出版後、幕府も輸入し、天文方の翻訳者に渡ると、いくつかの写本が誕生した。しかし、この写本の中には、オランダ語が見出し語に付されオランダ語のアルファベット順に配列され、オランダ語、英語、中国語字典として形を変えているものもある。英華字典にオランダ語の見出しを付けた目的は何だったのだろうか。蘭学者たちは英語を学ぶためではなく、豊富な漢語語彙が収録されている辞書を利用し、新しい学術語を収めるオランダ語辞典を編纂しようとしたのではないかと推測される。江戸時代において英語は、学問や文化を摂取する手段ではなく、外交的、経済的圧力を受けそれに対処するために一部の役人がやむなく学んだ言語であり、近代学問を学ぶためのオランダ語とは全く異なっていた。日本の蘭学者たちは、オランダ語と漢語が理解できたので、豊富な漢語を収録するモリソンの字典にオランダ語を付すことで新しい概念をより正確に理解しようとしたのではないだろうか。言い換えれば、学者や翻訳者にとって、近代学問を摂取するためにも豊かな語彙を掲載するモリソン字典は、翻案する価値の高いものだったのである。

一・三　ウェード、外交官が言語学習の改革を引き起こす

来日イギリス外交官の日本語学習の体制にも影響を与えたウェードについて紹介しよう。トーマス・ウェード（一八一八〜一八九五）は、アヘン戦争末期の一八四二年に士官として香港にやってきた。彼も語学の才能にめぐまれ、広東語に出会い才能を発揮し、公使館の見習い通訳となり、一八四五年には香港高等法院の通訳に昇進した。その後、一八七一年から八三年まで北京のイギリス公使館で全権公使の地位にあった。一八八八年にはケンブリッジ大学に初代中国語教授として迎えられた。彼の言語面での功績として、「ウェード・ジャイルズ式」と呼ばれる中国語ローマ字表記、のちに世界標準となるシステムを試作したことが知られているが、本書では、次の二点について紹介したい。

北京語を学ぼう

一つ目は、北京語の教科書『語言自邇集』（一八六七）を刊行し、北京語を外交官が学ぶべき中国語と主張したことである。明末以来、宣教師が学んだ官話といえば、南京官話であったが、ウェードは、この教科書の中で、清朝の都である北京で話されている北京語こそ公的通訳官が学ぶべき方言であると主張し、諸外国における中国語学習の方向付けを行った。ウェードが本来めざしたのは、イギリスの対

中外交における通訳教育システムの改革であったが、これをきっかけに、中国の外交舞台における公用語として、北京語が確固たる地位を占めていくようになった。なお、「ウェード・ジャイルズ式」中国語ローマ字表記法は、この教本で用いられた表記法である。

この北京語教本は、ウェードが雇い入れた應龍田という中国語教師の多大な協力を得て作成したもので、種本は満州語学習書として広く用いられていた『清文指要』であった。この学習書の満州語の訳として記されている漢語部分を取り入れたものだという。このことは彼らは満州語を理解していたことを意味する。

満州語の学習

満州語学習については、この時期の在清イギリス公使館員の語学学習のスケジュールにも残されている。幕末の一八六二年に駐日イギリス公使館の通訳生として着任したアーネスト・サトウという人物がいる。後に日本学者としても名を馳せた外交官であり、駐日イギリス公使（一八九五〜一九〇〇）、駐清イギリス公使（一九〇〇〜一九〇六）を務めている。サトウは、日本に赴任する前に、中国の公使館でウェードから中国語や漢字を学んだのであるが、当時の日記（一八六二年七月二〇日）によると、次のように示されている。

七時〜一一時　中国語
一二時〜一五時　満州語と英語

一五時三〇～一七時　満州語

それぞれの時間帯にこの言語を教師から学んだという。満州語の学習は、一七～一八世紀の康熙帝、乾隆帝に仕えたイエズス会士の時代だけでなく、一九世紀後半の在清外交官も清国の公用語の一つである満州語の習得に相当の時間をかけ、在清公使館員に必要とされていたことが分かる。

在清イギリス公使館の中国語通訳教育システム

ウェードの注目すべき二つ目の功績は、中国で外交活動を行う外交官の中国語通訳教育システムを確立する必要性を痛感し、それを実現させたという点である。イギリスの外交官の中には、サトウをはじめ、中国や日本の赴任地の言語や社会文化事情に精通した人物が多いが、この制度によるところが大きい。ウェードがイギリス外務省に進言し認めさせた中国語通訳教育計画の内容は、次のとおりである。

最初の年は、学生を香港に集めて、中国語と中国文化を集中的に学習させる。有能な現地教師と、十分な教材経費は、外務省が負担すべきである。言語と文化の学習以外の仕事は最小限にとどめるべきである。年末に試験を行い、成績優秀者には、条約港で仮のポストを与え、一年間経験ある通訳について実地研修をさせる。

高田時雄「トマス・ウエイドと北京語の勝利」二〇〇一年

当時の在清イギリス公使館は、アロー号事件の収拾など難題を抱え、この計画はしばらく棚上げされていた。念願の見習い通訳の教育改革は、北京語の会話教本『語言自邇集』（一八六七）が完成する前の一八六一年に実現した。

ウェードは、一八四二年アヘン戦争の末期に軍人として中国に着任して以来、一八八三年までの約四〇年間、中国に滞在していたわけであるが、そのころの中国は、南京条約（一八四二）、天津条約（一八五八）、北京条約（一八六〇）を締結し、欧米諸国と交渉を余儀なくされた激動の時代であった。この時期、ウェードが中国語の固有名詞のローマ字表記法を提示し、外交団が学ぶべき中国語を示し、また、北京語会話教科書を作成したのは、対中外交をすすめる西洋諸国にとって時宜を得たものであった。

ウェードの提案した通訳教育システムは、日本でも実施された。前述のアーネスト・サトウは、来日前に在清公使館でウェードから漢字を習っているが、サトウに来日前に中国に赴き中国語を学ぶよう指示した初代駐日公使オールコックは、ウェードの上司であった。オールコックは、任地での外交活動に自前の通訳を育成する重要性を認識していた。サトウに続き見習い通訳生として来日したイギリス公使館員たちは、日本語力を磨き上げ、日本での人脈を拡げて情報を収集した。それぞれが専門領域を持ち調査・研究を行い、成果を発表した。発表の場として横浜に日本アジア協会を設立し、雑誌 *The Transactions of the Asiatic Society of Japan* を創刊したのもイギリスであった。イギリスは日本語に通じた外交官を擁し、情報を収集・駆使し、対日外交において在京公使館の中で圧倒的優位にあったが、これを可能にした通訳研修制度を提案したのは、ウェードであったのである。

中国に勤務したレッグやウェードらが帰国後母国の大学に迎えられ、人材育成に関わったように、在日イギリス公使館員たちの中にも、帰国後に大学の教壇に立った者もいた。日英関係やイギリスの日本研究は、日英同盟が締結された一九〇二年後にピークを迎えるが、そのころ、ロンドン大学やオックスフォード大学、ブリストル大学で日本語や日本史などの科目が設置された。

こうしてイギリスの中国語研究は、宣教師や外交官が大きく関わり、辞書や聖書の翻訳、さらには通訳育成システムをもたらした。一方、日本語研究は、この通訳教育システムの中で高い日本語力を獲得した外交官らが行った。

二　フランスの日本語通訳者養成、日本への前哨地琉球で日本語を学ぶ

イギリス人による日本語学習は、日本の開国後に公使館員が始めたが、フランス人による日本語学習は、日本の開国前に琉球に派遣された宣教師によって開始された。彼らの日本語学習に中国語や中国人と関わりがあったのだろうか。

二・一　パリ外国宣教会とフォルカード

イギリスが中国の鎖国の扉を開くと、ヨーロッパの国々の東アジアへの関心は一気に高まった。フランスのインドシナ艦隊セシーユ提督は、イギリスに対抗するように、アジアでの活動を活発化した。対日交渉に向けて、琉球に注目するようになったのである。セシーユ提督は、将来の日本への布石とし

て、布教と通商を求め、戦艦アルクメーヌ号を琉球に派遣したが、そこには言語を学ばせるため宣教師を乗船させていた。琉球には、一八世紀末からイギリスやロシアが接近し上陸を図っていたが、琉球に宣教師を送り込み日本語を学ばせたのは、フランスが初めてであった。

当時の琉球は中国に朝貢する独立王国であったが、薩摩の支配下にあり、キリスト教の布教は禁止されていた。琉球側が布教も通商も拒否したところ、船は宣教師ら二人を残して去って行ってしまった。その二人とは、パリ外国宣教会の宣教師テオドール＝オーギュスタン・フォルカード（一八一六～一八八五、一八四四～四六年琉球滞在）と、同行したラテン語を解する中国人神学生のアウグスチノ・オーギュスタン高《こう》であった。

一八四四年という年は、隣国の清で起きたアヘン戦争後まもない時期であり、琉球側はフランスの来訪を従来とは全く異なる事態であると強い危機感を募らせていた。居座ってしまったフォルカードらに対しては、厳重な監視下に置きつつも、丁寧な扱いが必要であると判断した。招かざる客を二人も抱え込んでしまった上、開国要求を突き付けられた琉球は、彼らを監視付きで聖現寺に住まわせた。フォルカードは、当初は些細な情報を得るにも苦労したようだが、彼らの監視役である西洋語の通事（通訳）の協力を得ながら、次第に現地の言葉を学んでいった様子を日記に記している。

　彼らは見かけこそ人が良さそうだが、少しでも自国のことに触れる段になると、極端に口が重くなるのだ。彼らに、普段話している言葉は何語なのか、この島固有の言葉か、それとも日本語なのかと幾度も聞いてみたが満足に返事をして貰えたことは一度もなかった。（…）オーギュスタンも、国王はどこにいるのかと、聞いてみたのだが、彼らは額を寄せ合って、相談したものの、結局何の返事もしなかった。

・・・・・

（通事の）一人は私に友情を覚えたらしく、大いに役に立ってくれたし、今なおそれが続いています。私には大変役に立つ簡単な会話を教えてくれましたが、これはいつかやってくる同僚にも同じように役に立つでしょう。私はすでに一万語以上収録した小辞典を作成しました。（注：この辞書の現物は確認されていない）聞くことはほとんどわかるし、さして苦労もせずに簡単な話ぐらいはできます。今朝方も、那覇に登錨したイギリス艦の艦長の通訳をしてくれないかと、再三懇願され、何の苦も無くやってのけました。

フォルカード『幕末日仏交流記』中島昭子・小川早百合（訳）一九九三年

しかし、琉球を離れてから三年後の一八四九年、香港で島原出身の日本人と出会い、琉球で二年間学んだ言語は日本本島の人々には通じ難いものであることを知るのである。将来、琉球を舞台に宣教を行うのであればよいが、当時、代牧（日本教区長のこと）に任命され渡日の機会を待っていたフォルカードは、この島原出身の日本人からあらためて日本語を学ぶ約束をしたという。いずれにせよ、一九世紀の来琉フランス人の中で、初めて日本語を学んだのはフォルカードであった。

ちなみに、フォルカードたちの監視役は、安仁屋政輔や板良敷朝展ら西洋語の通事であった。琉球は歴史的に中国と深い関わりがあり、通事といえば、元来、久米村に居住する中国からの渡来人の子孫であり、中国を中心とした対外交渉や通訳・翻訳を担ってきた。しかし、西洋船や中国人が乗り合わせていない船が相次ぐようになった当時の琉球には、これに対応すべく西洋語を用いる通事がすでに育成されていたのである。

二・二　琉仏修好条約が変えた学習環境——明倫堂と国学の教師たち

セシーユの派遣から十年が経った一八五四年、アメリカのペリー提督は、琉球と琉米修好条約を結んだ。これを知ったフランスのゲラン提督は、翌年、武力を持って琉仏修好条約を締結した。その一条に、琉球に上陸するフランス人は最高の待遇を受けること、すなわち、フランス人宣教師の徹底した保護がうたわれた。こうして、琉球には、フォルカード以降もフランス人宣教師が断続的に滞在し、言語を学ぶ機会が与えられたのである。宣教師たちは、那覇にある聖現寺に住まいを与えられ、琉球語、日本語、中国語の学習に専念し、日本布教の機会を待った。彼らは、開国後の日本で、琉球で身につけた日本語力を生かし各方面で活躍した。さて、フランス人に対する最高の保護を約束させられた琉球側が、宣教師たちに用意した語学学習の環境とはどのようなものだろうか。

パリ外国宣教会には当時の宣教師が送った書簡が今も保管されている。のちにフランス政府の通訳を務めるメリメ・カションは「琉球語はそれほど難しくなく一ヶ月半の勉強で理解できるようになった」こと、「琉球ではほとんどの役人が中国語を話すため一番若い自分に中国語を習うよう急かされている」こと、同僚宣教師は、「カションが勉強に熱心すぎる」ことや、「授業でジラールが先生の質問にすべて答えてしまうので自分がなかなか上達できない」といった日常の教室風景を報告している。また、「語学教師が二日に一度やってきますがよい人たちです」「我々は教師たちにはとても満足しており、彼らは熱意をもって我々を指導してくれます」という記録もあり、彼らは教師に恵まれ、言葉の学習にひたむきに専念する様子がうかがえる。

教師は、明倫堂と国学という琉球の最高学府から派遣されてきた。明倫堂とは琉球最古の教育機関（一七一八年設立）で、中国からの渡来人が住む久米村の子弟に対し、儒学や官話、外交文書の書き方を教える外交官僚養成機関であった。また、中国の文物の導入普及を図り、王府の学問文化を担う存在でもあった。一方、国学は士族の子弟から有能な人材を集めて学ばせる琉球の最高学府である。国学でも四書五経が教科書として用いられた。いずれも教授たちは、中国に留学し、優秀な成績をおさめた者が教壇に立っていた。

宣教師たちの目的は、日本語の学習であったが、日常生活のために琉球語も学んだ。琉球の役人や教師たちは中国語に精通し、学問の基礎が中国の古典にあったため、中国語の授業も受けることになった。宣教師たちはこの明倫堂（久米村）と国学（首里）について、それぞれ次のように報告している。

那覇の町はいくつかの地域に分かれています。その一つが我々の住んでいる久米村です。中国語を話し、中国語の本を読み、角ばった字しか書かない中国人しか住んでいません。彼らは俗文も日本語の仮名も知りません。彼らの地区の真ん中に広大な学校があり首里の学校とはかなり違った教育をしています。これが中国語学校または久米村の学校です。

首里の学生たちは、琉球と日本で公的な教えの基礎をなしている五経を読んだ後、日本語の本を好みのままに勉強します。彼らは一般的に平仮名か、または俗文を使い、いとも簡単にそして驚くべき速さで書きます。彼らは片仮名はあまり上手に書きません。

宮里厚子「19世紀におけるフランス人宣教師の琉球滞在について」二〇一七年

フランスは、琉球と条約を締結したのち、日本とも、一八五八年に日仏修好通商条約を締結した。日本と条約を締結しても、日本語の学習は琉球で行われ、日本語を身につけると、開国後の日本本土各地に渡っていくのである。彼らが琉球の教育環境に満足し、自信をつけていく様子がうかがえる一節を紹介しよう。

語学の学習に関しては日本本土で琉球と同じような有利な条件を見つけられるかどうか確かではありません。しかし、我々はそれぞれ既に新しい同僚の教師になることができますし、いったん開国すれば言語に何らかの便宜がないということはあり得ないでしょう。日本人達はきっとフランス語を一番に習いたがるでしょう。

宮里厚子（前掲書）

二・三 「フランス人の中に和漢の音韻に通ずる者あり」

カション、卓越した日本語力で公式通訳としてプリンストクガワと同席

琉球での学習成果は、開国後の日本で大いに発揮された。「先生の質問にすぐ答えてしまう」バルテルミ・ジラール（一八二一～一八六七）と「勉強に熱心すぎる」メリメ・カション（一八二八～一八八九）は、それぞれ初代公使ベルクールと二代目ロッシュの通訳としてフランスの対日外交を支えた。その前に、日仏修好通商条約の締結を目的に特命全権使節グロが来日した際、通訳候補のカションとの間で次のようなやりとりがあった。

グロ：君は条約の通訳をつとめるほど語学の自信があるのかね。条約は重要な仕事だ。議論を長時間しなければならない。中国語はできるかね。日本では、外国人との間の文書はすべてこの言語で書かれるのだ

カション：中国語は私は楽に読めるほどではありません。ましてそれを書くのはなおさらです。日本語は、相当楽に話せます。私は本をスラスラ読めます

（一八五八年七月二七日）

フランシスク・マルナス『日本キリスト教復活史』久野桂一郎（訳）一九八五年

カションは、彼の日本語通訳として、グロの持参したナポレオン三世の親書と日仏修好通商条約を和訳しカナ版を作成した。他の西洋諸国には、日本語が分かる者がおらず、対日交渉はオランダ語を介し

ていたため、時間もかかり誤解や行き違いも多かった。そんな中、フランスのみが日本語通訳を擁し、親書や条約を日本文字で記したのである。やがて、カションの日本語力は、「フランス人の中に和漢の音韻に通ずる者あり」と幕府の役人の間でも知られるようになった。また、外国人仲間の間でも「この紳士は一〇年間絶え間なく日本語を学んでいる。彼が話したり書いたりする日本語は、育ちの良い日本人と同じくらい正確だと、日本人もはっきり断言している」というほど彼の日本語力は評判であった。

一方、中国語に関しては、グロに「楽に読めるほどではありません」と答えていたが、その二年後の一八六〇年九月に函館時代のカションに会った人物は次のように述べる。

カションは、孤独なフランス人ばかりでなく、近年はイギリスやロシアの領事館のためにもしばしば役に立ってきた。彼は中国語と日本語を土地のもののように話せる（…）私が出発するとき、文法書と辞書を出版しようとしていた。（…）ふだんは中国人の若い用心棒と二人きりで暮らしていた。名はタオ・リンといい、召使とミサの侍者の役を務めていた。

『フランスから見た幕末維新』朝比奈美知子（編訳）二〇〇四年

カションは、香港から開港直後の函館に渡る際、中国人のタオ・リンを香港で雇ったと思われるが、カションは彼と生活を共にする中で、日常的に中国語に触れ、琉球で習った中国語にさらなる磨きをかけたのであろう。

函館では、フランス語学校を開き、「和英仏辞書」や「アイヌ語辞書」を作成し、また、江戸では公

図1　パリ万国博覧会に徳川慶喜の代理として出席した14歳の徳川昭武
（https://commons.wikimedia.org/）

使館通訳を務めながら、横浜フランス語伝習所で実質校長をつとめた。日本のフランス語人材の育成にも貢献し、要人と広いネットワークを築いていった。

フランスは、卓越した日本語力と中国語の知識を持つカションを通訳とし、薩長を支持するイギリスに対抗して、軍事面など日本の近代化に協力するようになると、やがて、幕府に親仏派を形成し、フランスへの信頼を深めていくのである。一五代将軍徳川慶喜の弟である昭武の留学先もパリに決まった(図1)。このとき一四歳の昭武は将軍の名代としてパリ万博（一八六七）に派遣され、ナポレオン三世に謁見した。フランス政府の公式通訳として同席したカションは、皇帝の言葉を日本語で昭武に伝えた。ちなみに、昭武は次期将軍候補「プリンストクガワ」としてヨーロッパ各国の王室や貴族と交流し、宮廷での社交を経験した。挿絵入り新聞「イリュストラシオン」は、一行がパリに到着した時の模様を、次のように報じた。

パリが今まさに世界のあらゆる国の要人の出会いの場となりつつあることを指摘しよう。（ここに非常に正確な肖像を掲載する）タイクンの若い弟君は、やっと一四歳か一五歳になったところであり、彼に付き従う随行員たちも彼同様に若い。公子はパリで何年か勉強をする予定でやってきた。ヨーロッパはアジアを惹きつけはじめている。そして、やがてアジアをヨーロッパそっくりに仕立ててしまうだろう。

朝比奈美知子（編訳）（前掲書）

しかし、パリ万博直後に幕府は瓦解、亡国のプリンスは帰国を余儀なくされるのである。

横浜天主堂を献堂したジラールと隠れキリシタンを「発見」したプティジャン

琉球で日本語を学んだ宣教師たちは本来の目的である布教においても成果をあげた。横浜の元町中華街駅の地上に出ると、すぐわきに横浜天主堂跡の碑が立っている。横浜天主堂は、ジラールが一八六二年に居留地に献堂した教会である。しかし、一八六七年の大火により建物が焼け落ち、ジラールはこの大火で焼死した。現在はカトリック山手教会がその役割を引き継いでいる。

長崎の大浦天主堂は、日本教区長となったジラールの命で、フランス人の礼拝堂として建設されたものであるが、日本人にも開放し、見学が許されていた。琉球で二年間日本語を学んだプティジャンは、一七世紀に多くのキリシタンが居住していた長崎にこそ、まだ信者がいるのではないかと期待を抱きながら一八六四年に長崎に赴任し、「隠れキリシタン」を「発見」したのである。ゴシック式の尖塔を持つ天主堂は当時珍しく、ここを開放することで、見物客に交じりキリシタンが訪問するだろうと期待したのである。琉球で日本語を身につけたプティジャンは、この歴史的瞬間に立ち会い、その模様を日本教区長のジラール宛に報告した。その一部を紹介しよう。

私が蹟いて祈り終わるとすぐに、五〇ないし六〇歳の婦人がやってきてそばに跪き、そのうちの一人が胸に手をあてて低い声で言った。
―ここにいる私たち一同は、あなた様と同じ心の者です
―私たち一同は、浦上の者です。浦上ではほとんど皆が私たちと同じ心を持っています
―サンタ・マリア様の御像はどこ…

マルナス（前掲書）

二〇〇年以上にわたる長い期間、司祭のいないまま、密かに信仰を守ってきた人々がいるという知らせが、ヨーロッパにもたらされると、世界宗教史上の奇跡として大きなニュースとなり人々を大いに驚かせた。その後紆余曲折を経て、キリシタン禁制の高札撤去（一八七三）へとつながり、やがて明治憲法において、条件つきながらも、信教の自由が条文化されるのである。

開国当初、アメリカ公使館はオランダ語通訳のヒュースケンを雇い、イギリスもこのアメリカ公使館通訳に頼るという、自前の通訳も日本語通訳も有していなかったことと比べると、フランスははるかに有利であった。しかし、間もなくして、フランスが支持した幕府は瓦解し、イギリスと組んだ薩長が中心となり明治政府を樹立するのである。一方、イギリスは、一五歳のアレクサンダー・シーボルト（長崎オランダ商館医フォン・シーボルトの息子、父の再来日に伴われ長崎で日本語を学んだ）を雇ったが、在清イギリス公使館で築いた通訳見習い制度を踏襲し、自前の日本語通訳を育成するようになった。こうして、イギリスは卓越した情報収集力を武器に在京外交使節団の中で対日外交において圧倒的な力を発揮していった。

さて、琉球王府は、フランス人宣教師の通訳者育成に多大な協力をしたわけだが、一流の教師を送り、手厚い教育を施したのはなぜだろうか。薩摩の支配下で、鎖国、禁教を国是とし、しかも、情報収集のために送り込まれた彼らにあえてその言語手段を与えるのは、王府にとって安全保障上好ましくなかったであろう。前述のように、琉球は有能な中国語通詞を抱えており、アヘン戦争後の中国の緊迫した状況が逐一伝わっていたであろう。危機感を募らせる王府にとって、フランスが望む学習環境を提供することは、国の存亡をかけた危機回避のための最良の手段であると判断したのではないだろうか。

二・四　西洋人の琉球紹介——ゴービル、バジル＝ホールと真栄平房昭

西洋人がさかんに来琉するようになったのは一九世紀に入ってからであるが、それ以前に、ヨーロッパにはすでに琉球情報がもたらされていた。フランス語による「中国人が琉球諸島と称する諸島につい

ての覚書」(一七五八)である。原本は、一七一九年に冊封使として来琉した徐葆光《じょほうこう》の『中山伝信録』で、冊封儀礼の様子や、琉球の歴史から風俗や言語に至るまで多くの挿絵を交えながら紹介している。中国語の原本からフランス語に訳したのは、北京在住のフランス人イエズス会宣教師アントワーヌ・ゴービル(一六八九〜一七五九)であった。彼は、雍正帝や乾隆帝に仕え、中国語や満州語に長けていた。ゴービルのフランス語抄訳は、ヨーロッパの他の言語にも訳され、琉球に関する貴重な情報源となった。在華イエズス会士は、中国語の原本を訳し琉球をヨーロッパに紹介していたのである。

自らの来琉体験を著しヨーロッパに紹介したのはイギリス人であった。一八一六年、イギリスは清国との通商を探るために、アマーストを全権大使とする使節団を派遣した。使節団を送り届けたあと、二隻の艦船が朝鮮の島々と琉球をめぐり、帰国後にそれぞれ旅行記を出版したのである。アルセスト号の船医マクロードによる『アルセスト号朝鮮・琉球航海記』(一八一七)と、ライラ号艦長のバジル＝ホールによる『朝鮮・琉球航海記』(一八一八)である。この実体験に基づく琉球事情も、ヨーロッパの言語に翻訳され、広く紹介されるところとなった。特に、琉球を中心に紹介するバジル＝ホールの航海記は、琉球には武器も貨幣もなく、礼節正しく正直で人情に厚い人々が、満ち足りた幸福な生活を送る小さな平和な島であると紹介し、琉球の桃源郷としてのイメージを印象付けた。琉球は、地理的に中国や日本との通商の中継地として好都合でもあり、このバジル＝ホールが描いた非武装王国琉球は、西洋人の関心を高め、相次いで来琉者を迎えるのである。

ここで注目したいのは、一行が朝鮮と比べて、満足感を持って琉球を後にし、航海記に「朝鮮では一向役に立たなかった我々の中国人の召使の言葉を解することが分かったので、我々はおおいに意を強うした」という中国語の果たした役割である。彼らが訪れた朝鮮の島々では言葉が通じず、表層的な印象しか得られなかったが、琉球側には、中国語の通事、真栄平房昭が一行の通訳をつとめ、イギリスが同行した中国人（広東語）と意思疎通を図ることができた。また、真栄平ら若い役人たちはホールらの四〇日に及ぶ滞在期間に片言の英語を身につけて、真栄平房昭も彼らと心を通わせることができ、イギリスへ招待を受けるほどであった。

琉球を去るにあたって、乗務員の一人「ジラード」君が詠んだ詩を紹介しよう（メーデーラーとは真栄平房昭のことかと思われる）。

我ら等しく友情を分かち合うも
なお深き哀惜の絆で結ばれしも生たりか
幾たびとなく脳裏に浮かぶは
懐かしきメーデーラーにジラーの名
さらば愛しき島よ、民よ　永遠に平穏なれ
暗雲は遠くにありて、おお迫り来る敵よ、聞け海神の声を

山口栄鉄『英人バジル・ホールと大琉球』二〇一六年

琉球と西洋の最初期の接触では、中国語で心を通わせ芽生えた友情が、彼らの琉球旅行記に溢れるような愛着を添え、読み手を自ずとまだ見ぬ桃源郷の世界へと誘っていったのであろう。

パリ外国宣教会は、琉球に派遣した宣教師フォルカードに、中国人の助手を同行させたが、バジル＝ホールの書物は、琉球の言語事情の情報源としても役立ったに違いない。

二・五　ベッテルハイムは中国語で抗議する

琉球には、イギリスが派遣した宣教師も渡ってきた。マラッカやマカオで中国語を身につけた宣教師の中に、日本に渡る手段を模索していた者もいたが、ことごとく失敗した。時を経て、今度は、イギリス海軍琉球伝道会の宣教師が、日本開教の手がかりを得るために、琉球にやってきた。ハンガリー系イギリス人の医療宣教師バーナード・ベッテルハイム（一八一一～一八七〇）である。一八四六年、中国人通訳を伴い、家族で来琉した。フォルカード来琉の二年後のことである。ベッテルハイムは、琉球側の制止を無視して強硬に上陸し、そのまま約八年の間、家族とともに琉球に滞在した。彼の滞在は、琉球王府との間で頻繁に問題を生じさせ、王府を困らせた。中国語の読み書きに優れていた彼はモリソンの『華英・英華字典』や漢訳聖書などを持参していた。琉球語を習得すると、聖書の琉球語訳を作成し、六〇〇頁以上に及ぶ『琉英辞典』（一八五一、第一校了）を作成した。彼のミッションの一つである日本語の学習に関しては、仮名を学習しようと書籍の入手を試みるも、困難を極め、退去要請を行う王府の役人と、日本語の学習を希望するベッテルハイムとの間で摩擦も多かった。そんな中、書物を通じて日本語の知識を得たベッテルハイムは、二つ言語の関係について「琉球語と日本語の文法の要綱」（一八四九）をまとめ、次のような見解を示している。

私は日本［本土］に行ったことがない、また、日本出身者の言葉を耳にしたのも三度にすぎない。（…）私は『ヨハネ伝』の日本語訳本とメドハースト博士の書いた「日本語語彙」を持ってきた。（…）この琉球で話されている言語と上記書物中の言語とを再三比較検討した結果、琉球語を日本語と呼ぶことは決して間違いではないと思う。（…）私達は日本語の全体ではないかもしれないが、少なくともそれへの良き手がかりを得たのである。（…）私はこの無味乾燥な座りきりの仕事には気が進まなかった。しかし、この仕事に対する現実の要望が強く、また、この地域の伝道に役立つ公算が大きいと考えて、この仕事に着手したのである。

ベッテルハイム「琉球語と日本語の文法の要綱」喜名朝昭他（訳）一九八〇年

彼が日常接したのは、広東語とわずかの英語を話す中国人通訳、そして、監視役の琉球の外交文書を担当する久米村の中国語の通事たちであった。通事たちは中国への留学経験があり、琉球の役人たちも中国語には長けていた。ベッテルハイムは、毎日のように書簡を送り、はなはだしい要求や苦情を中国語で訴え、久米村の通事がこれに対応した。彼は、口頭でも文書でも十分な中国語力を身につけていたのである。

ベッテルハイムは、当初より琉球王府から退去要請を受けていたが、彼が琉球を去ったのは、その要請に応じたからではなく、また、開国した日本に赴くためでもなかった。一八五四年にペリーが来琉した時、琉球についての深い知識がかわれてアメリカに渡ることが決まったのである。日本本土に足を踏み入れ布教の準備を行うという目的は叶わなかった。

条約締結により、語学学習環境を提供されたフランス人宣教師たちは、琉球で習得した日本語力でフランスの対日関係を大きく前進させた。また、ベッテルハイムは、退去要請を受けながら、八年の間滞琉し、語学の才能を発揮して『英琉辞典』や琉球語訳聖書を作成するなど琉球語研究に先駆的な足跡を残した。その知識は、対日交渉を控えたアメリカのペリーに抜擢されるほどであった。ベッテルハイムより二年早く来琉したフォルカードは、日本語と琉球語の区別がつかなかったが、ベッテルハイムは、日本語と琉球語を研究し、両言語が同系であると論じるに至った。ペリーに抜擢されたベッテルハイムと、日本語力で幕府の役人を驚かせたカションに共通するのは、中国語の知識を有していたことである。

第四章　日本交渉と日本の近代学問

二〇〇年以上も続いた幕府の「鎖国」政策は、一八五四年、日米和親条約が締結され、終焉を迎えた。ロシアもイギリスも開けられなかった「鎖国」の重い扉を、アメリカはどのようにこじ開けることができたのだろうか。

一　「黒船来航」の舞台裏

一・一　ペリーの「予習」と日米の交渉言語

アメリカ東インド艦隊司令長官のマシュー・ペリーは、徹底した準備のもとで、この交渉に向かった。「予習型交渉者」ペリーは、日本に関する書物で入手できるものはすべて読破し、その数は四〇冊をくだらなかったという。シーボルトの大著『日本（NIPPON）』は五〇〇ドル（現在の価格で約二〇〇万円）で、高橋景保からひそかに入手した伊能忠敬の国禁（国外持ち出し禁止）の地図は、三万ドル（現在の価格で約一億円）でシーボルトがアメリカ政府に売りつけていたという。ペリーは、来日前に、鎖国日本の最高機密を入手し周到な「予習」をしていたのである。

交渉にあたり最も重要な日本の言語事情の「予習」も怠らず、万全な手配をして交渉に臨んだ。言語面でどのような対策をしてきたのか、東京湾に姿を現したペリー艦隊との日米交渉におけるエピソードを紹介しよう。

一八五三年七月、ペリー率いる四隻の黒船は幕府の警備艇の停船命令を無視し、東京湾に侵入した。幕府はオランダ商館長からこの予告を受けていた。「停船命令」とは、「貴船は退去すべし。危険を冒してここに停泊すべからず」というもので、これは、巻物に書かれたフランス語だった。当時の西洋で広く通じる言語を用いるべきとの認識からフランス語を選んだのだろう。ペリーはこの状況を次のように記している。

支那語の通訳ウィリアムズ君とオランダ語の通訳ボートマン君は、命ぜられて、提督は最高位の役人以外の誰にも会わないからお前は岸に戻った方がよいと伝えた。日本語で話しを進めることは幾分難しそうなので船中の舷に立っていた一人が流暢な英語で「私はオランダ語ができます」といった。英語は最初の一言でつきてしまったらしかったので早速ボートマン君はオランダ語で彼と話し始めた。彼は完全にオランダ語に通じているらしく…

合衆国海軍省（編）『ペリー提督日本遠征記』大羽綾子（訳）一九五三年

薪や水や食料を与え、「速やかに追い払う」ことが目的の幕府側と、何としてでも「鎖国」の扉をこじ開けたいアメリカの出会いは、フランス語とオランダ語で始まったのである。

奉行所与力の中島三郎助と「私はオランダ語ができます」と発したオランダ通詞の堀達之助は、来航の目的を聞き出すため、ようやく乗船を許された。二人は、これまでの異国船とは全く異なることを悟った。対応したのは副官の大尉だったが、中島が発する質問に対し、この副官は、その都度、ペリーの元に回答を求めに行った。これは、ペリーの存在の大きさを印象付ける方法として前もって計画したもので、ペリーが「予習」した日本研究の成果であった。

ペリーは、自分たちに有利だからという理由で、英語で交渉をしようなどとは考えもしなかっただろう。英語を使えば、日本側は意思疎通が図れないことを理由に交渉を拒否する可能性は十分に予測できた。また、ヨーロッパ随一の日本通で知られるフォン・シーボルトもアメリカ側に通訳兼交渉を申し出ていたが、アメリカとしては、彼は日本から追放された人物であるし、ヨーロッパ諸国と利害が衝突する交渉を彼に任せるわけにはいかなかった。日本の西洋語といえばオランダ語であること、日本の知識人は漢文の読み書きができることも調べ上げていた。アヘン戦争後、開港した中国の沿岸都市には、中国事情だけでなく日本事情にも明るいアメリカ人がいた。そんな中、通訳として白羽の矢が立ったのが、「支那語の通訳ウィリアムズ君」であった。

サミュエル・ウィリアムズ（一八一二〜一八八四）は、海外伝道組織アメリカン・ボードの宣教師として中国に赴き、官話の語彙集『英華韻府歴階』（一八四四）を作成するほどに中国語に熟達し、漢文の読み書きもできた。さらに、日本語も話した。広東に滞在中に、聖書の和訳を行ったドイツ人宣教師ギュッツラフから、日本人の漂流民を紹介され、彼らから日本語を習い、福音の和訳も行っていた。しかし、ウィリアムズは、自身の日本語力は、外交交渉ができるほどではないと、ペリーから日本語通訳を依頼されるもこれを固辞し、東京湾での日米の初対面の場でも、オランダ語を母語とする「ボートマン君」に、すぐにバトンを渡している。

さて、一年後の再来日を約束して日本を離れたペリーであったが、予定より早く一八五四年二月に再び東京湾に現れた。一年間の猶予が与えられるはずであったが、幕府は半年での決断を迫られることになった。折しも、将軍家慶の死による国政の混乱の隙をついたペリーの外交に、幕府は翻弄されるのである。黒塗りの軍艦九隻を率いての大遠征であった。

日米交渉の使用言語は、口頭ではオランダ語が用いられたが、文書では漢文が「主」でオランダ語が「従」であった。日米和親条約の締結（一八五四）にあたり、用意された条約文は漢文、日本語、英語、オランダ語であった。漢文通訳として、中国人の羅森（一八二一〜一八九九）が加わった。ウィリアムズは北京官話の口述はできるが書く力にかけるため、対日交渉に支障をきたす恐れがあった。そこで、文化的教養の高い英語のできる文人羅森に依頼し、ウィリアムズの助手として同行させたのである。

日米の交渉は、二つのチャンネルで行われた。一つはオランダ語を通じて行う次のような交渉であった。（●幕府　★アメリカ）

図1　羅森（樋畑翁輔 遺稿『米国使節彼理提督来朝図絵』、国立国会図書館デジタルコレクション）

・メインチャンネル：オランダ語の場合

●日本語↑●オランダ通詞→オランダ語←★オランダ語通訳→★英語

幕府のオランダ通詞とアメリカ側のオランダ通訳が通訳し、それぞれ、日本語と英語に訳す。もう一方で、漢文による筆談が行われた。

●日本語↑●漢文筆談者→漢文←★ウィリアムズ（羅森が補助）→★英語

アメリカ側の主席通詞は、オランダ語はポートマンが、漢文はウィリアムズが担当した。このように、ペリーは日本側の言語事情を調べ上げて適任者を雇い、盤石の布陣で交渉に臨んだのである。

一・二　条約締結前夜の和漢唱和、羅森とのひと時

ウィリアムズの助手をつとめた羅森は、英語に通じ漢詩に優れていた。そのため、日本では多くの日本人と筆談で意思疎通を図った。黒船九隻を率いて再び江戸湾に現れた時の艦隊は、乗務員総勢が一五〇〇人を超え、様々な民族・人種から構成されていた。黒船の衝撃は大きく、いくつも絵が残っている。その中に羅森も図1のように描写されている。乗務員たちが上陸するようになると、それまでの「黒船見物」から直接接触が始まり、集まった人々の好奇心は高まった。横浜では大規模な「国際交流」が数カ月に渡り繰り広げられたのである。漢字という同じ文字を使う「同文」の中国人羅森と日本人が筆談で交わした交流とはどのようなものだったのだろうか。

羅森は、行く先々で日本人の求めに応じて扇子に即興の詩を書いていた。彼が残した「日本日記」には、漢文・漢詩を通して、中国文化に精通した日本人たちと詩文を唱和し、即興詩が五〇〇本以上に達したと互いに親睦を深めた様子が記されている。交流した日本人は、警備の武士、儒者、商人、農民までに及んだという。ウィリアムズも、日本人はだれも中国語を話さないのに、漢文の読み書きができる者が多いことに驚いている。このように、羅森と交わった日本人たちは、漢文の筆談で意思疎通を楽しみ、漢詩で心を通わすことに喜びを見いだすなど、ペリーの「砲艦外交」とは相反する、和漢唱和の姿が垣間見られるのである。

日本人たちは、羅森から海外情報を得て、西洋諸国の進出に関して議論を戦わせた。「日本日記」には、日本人から贈られた漢詩とともに、日本人から受けた質問についても記されている。羅森は、応接掛（幕府の全権）であった平山謙二郎から一八五一年に清国で起きた太平天国の乱の原因について尋ね

られ、持っていた書物を貸したという。平山は、礼状の中で、西洋列強と貿易をすると、人々が利益のみに惑わされるようになること、今後は兵力や砲術、軍艦が必要になることを認識したと書いている。日米和親条約を締結する直前のことである。また、他の日本人も、中国人羅森がアメリカの言葉を話し、アメリカ人の部下として働いていることに、孟子の言葉に例えて、人間の堕落に過ぎないと記した紙を渡したという。漢籍をたしなみ、儒教的教養を身につけた知識人たちが、異質の思想を持つ目前の西洋人に付き合いを突き付けられ、その付き合い方を模索している最中に、中国人羅森から直に聞く話は、日本の行く先を考えるうえで、心に響くものがあったにちがいない。

羅森については、ウィリアムズがマカオにいる妻への私信で、次のように伝えている。

首都からは使節もオランダ語の通訳も到着しないので、通訳の仕事が全部私に降りかかってきました。まるで二十枚の舌を終日、はねハンマーのように動かし続けるほどの仕事があるといっても過言ではありません。(中略)ところが、今や事柄は深刻になりましたので、私は羅にかなり手伝わせ、もう一つの言語(中国語)の助けを借りて、あまり誤りをしでかさないようにしています。彼は、われわれの計画のすべてに強い関心を示し、住民ともうまくやっております。たしかに、彼らは彼ほど学のある中国人に会ったことがなかったし、彼が扇子に優美な詩を一、二行書いてでもやると、彼らはいっそう喜んで中国語の学識を彼に披露するのです。日本へ来てから五百本以上もの扇子に書いてやったのではないかと思いますが、これを頼まれるほど、彼を喜ばせることはないのです。

ウィリアムズ『ペリー日本遠征随行記』洞富雄（訳）一九七〇年

一・三　松陰、筆談で「メリケンに行かんと欲する」

ペリーの漢文通訳ウィリアムズは、次のような場面でもその力を発揮した。夜の帳に包まれた下田沖で停泊中のポーハタン号に、長州藩士で思想家の吉田松陰（一八三〇～一八五九）が乗り込み密航を求めるという事件があった。もちろん、幕府との交渉に障害となる要求をアメリカ側が認めることはなかった。このとき、松陰は密航の意図を漢文にしたため、交渉中に羅森との面会を求めているのである。以下にそのやりとりを紹介しよう。松陰は、偽名を使い書簡を渡したその晩、夜陰に乗じ小舟でアメリカの軍艦に乗りつけ、ウィリアムズと筆談を交わした。松陰が「米利堅に行かんと欲するの意を漢語にて認めかく」その後の筆談内容の主な部分を、会話形式にして紹介しよう。

★ウィリアムズ　●松陰

★「何国の字ぞ」●「日本字なり」

★「もろこし（中国のこと）の字でこそ名をかけ、名をかけ」

★「このこと、大将（ペリーのこと）と余と知るのみ、他人には知らせず、大将も余も心誠に喜ぶ。但し、横浜にてメリケン大将と林大学頭（応接掛）と、メリケンの天下と日本の天下とのことを約束す。故に私に君の請を諾し難し。少し待つべし。遠からずしてメリケン人は日本に来り、日本人はメリケンに来り、両国往来すること同国の如くなるの道を開くべし。その時くるべし」

●「吾れ夜間、貴船に来ることは国法の禁ずるところなり。今還らば国人必ず吾れを守せん。勢還るべからず」
★「夜に乗じて還らば国人誰れか知るものあらん。早く還るべし。このことを下田の大将黒川知るか。黒川許す、メリケン大将連れていく。黒川許さぬ、メリケン大将連れてゆかぬ」
★「君両刀帯びるか」●「然り」
★「両親あるか」●「（ウィリアムズ、松陰ともに）父母なし」
★「官に居るか」●「書生なり」
★「書生とは何ぞや」●「書物を読み人なり」
★「人に学問教ゆるか」●「教ゆ」
★「メリケンへ行き何をする」●「学問をする」
●「君、吾が請をきかずんば、その書簡は返すべし」★「置きてみる。みな読みたり」
●「（予、紙に広東人羅森と書き）この人にあわせよ」
★「何の用がある。且つ今臥して床にあり」
●「来年も来るか」★「此れよりは年々来るなり」
●「この船また来るか」★「他の船来るなり」
●「我れ等船を失ひたり。船中要具を置く。すておけば、事発覚せん。如何せん」
★「我が伝馬にて君等を送るべし。船頭に命じおけり。所々乗り行きて君が船を尋ねよ」

（…）ウリヤムス日本語を使ふ、誠に早口にて一語も誤らず。而して我らの言うところは解せざる如きこと多い。蓋しかれが狡猾ならん。是をもって言わんと欲すること多く言い得ず。

［傍点・傍線筆者］

『吉田松陰全集』第十巻、一九九一年

松陰が伝えることのできなかった「言わんと欲すること」とは何だったのだろうか。羅森との面会を希望したということは、羅森の人となりがどのように伝わっていたのだろうか。羅森にあっていたら、どのようなやりとりが交わされたのだろうか。国法を犯してまで訴え続ける松陰の渡米への切なる想いは、日本の文人がペリーのミッションの意義を思いもかけず証明したものとなった。彼らにとってこの一件は「大将も余も心誠に喜ぶ」の言葉に尽くせぬものがあった。日米和親条約を締結したペリーは、米国議会上院に提出した日本遠征の報告書の中で、吉田松陰らの密航企図事件については、次のように伝えている。

日本人は間違いなく探求心のある国民であり、道徳的、知的能力を広げる機会を歓迎するだろう。あの不運な二人の行動は、同国人の特質であると思うし、国民の激しい好奇心をこれほどよく表しているものはない。（…）この日本人の性行を見れば、この興味深い国の前途はなんと可能性を秘めていることか、そして付言すれば、なんと有望であることか！

漢文通訳として役目を果たしたウィリアムズは、一八七七年にイェール大学に用意された中国語の教授ポストについた。当時は受講生がおらず名誉職だったという。なお、吉田松陰が手渡した書簡は、イェール大学古文書館のウィリアムズ家文書に保管されている。

こうして、西洋語との出会いにおいて、漢文は双方のコミュニケーションのサブチャンネルとして大きな役目を担っていたのである。

さて、ウィリアムズの日本語通訳能力であるが、現代風に言うとどうだろうか。いわゆるビジネス通訳をする上で必要語彙や知識が身についており、日本語・英語の両言語において適切な表現で通訳ができる、というようなレベルに到達していたかどうかという点であるが、未知の相手である幕府側が使用する「語彙」や幕府のコミュニケーションのスタイルについては、ある程度の「予習」はできたかもしれない。しかし、発話はできても聞き取りは困難で、ウィリアムズ本人が日本語通訳を固辞していたように、失敗が許されない初めての外交交渉での通訳は、「予習」では賄えない、極めて難易度の高いミッションであったと推測される。

二　西洋人の工夫——漢訳聖書、華英字典、蘭和辞典の利用

二・一　アメリカ、宣教師を派遣する

和親条約の締結に成功したペリーには、次の仕事があった。それは、新たな交渉相手を知ることだった。

日本国内の法律や規則について、信頼できる充分な資料を集めるには長い時がかかる。領事代理、商人、あるいは宣教師という形で、この国に諜報員を常駐させねばならない。それなりの成果をあげるには、諜報員にまず日本語を学ばせなければならない。

マシュー・C・ペリー『ペリー提督日本遠征日記』木原悦子（訳）一九九六年

ペリーは、諜報員として日本語を学ばせる対象に宣教師も挙げていた。禁教下の日本において、宣教師の入国許可を取り付けたのもアメリカだった。初代日本総領事として、下田に下り立ったタウンゼント・ハリスは、日米修好通商条約（一八五八年締結）の第八条に、外国人居留地内に礼拝堂を置いてもよいこと、日本人はアメリカ人の宗教活動を妨害しない旨を明記することに成功し、禁教下であっても宣教師の上陸が可能となったのである。そこで、ハリスが上海の宣教師会に、中国経験があり医者であり、人徳に恵まれた人物であることを条件に、宣教師の派遣を依頼したところ、送られてきた宣教師の中に、後に日本語研究で功績をあげるヘボンやブラウンがいた。彼らの目的は聖書の翻訳と布教であったが、キリスト教禁制の高札が立てられ、布教ができないため、まず、日本語の学習に専念し、辞書や文法書の作成に着手した。横浜が開港してまもない時期にやってきたヘボンとブラウンについて紹介しよう。

カーティス・ヘップバーン（一八一五～一九一一、通称ヘボン）は、一八五九年一〇月、四四歳のときに来日し、医療活動を行いながら、私塾であるヘボン塾を開設し、和英辞書『和英語林集成』（初版一八六七）や和訳聖書を作成した。ヘボンといえば、ヘボン式ローマ字表記法でその名が知られている。表記法に彼の名前が付いたのは、ヘボンが顧問を務めていたローマ字会が日本語のローマ字表記法を決定するにあたり、この辞書が用いる表記法を採用したことによる。正確には、ヘボンの『和英語林集成』(第三版　一八八六)が用いたローマ字表記法である。当時、日本在住の外国人は、それぞれ、オランダ式、ポルトガル式、フランス式と分けることもできず、日本語の固有名詞を、京都をQuot、ツバキをTsuobakyなどと個人それぞれが思いのまま綴っていたため、外国人にとっても日本語の固有名詞のローマ字表記法の統一は強く望まれていたのである。また、ヘボンは、宣教師として中国厦門に滞在した経験があり、漢文の知識もある程度はあった。

サミュエル・ロビンソン・ブラウン(一八一〇～一八八〇)は、一八五九年一一月、四九歳のとき、横浜に到着して以来、一八七九年までの二〇年間、横浜英学所や新潟英学校、修文館で、一八七三年にはは横浜にブラウン塾を開き、英語や神学を指導しながら聖書の翻訳にあたっていた。来日直後はヘボン一家と同居しながらともに日本語を学び、夜遅くまで日本語の文法について語り合う日々をすごしていた。ブラウンは四九歳で日本語を習い始めたが、中国語もできたので、基本的な日本語の理解はさほど困難ではなかった。やがて『口語日本語』(一八六三)を作成すると来日外国人の間では評判となり、イギリス公使館の通訳研修生として来日したばかりのアーネスト・サトウも、彼のもとで日本語を習い始めている。サトウは後年、ブラウン宛てに「(ブラウン先生は)日本文学に対する趣味を徐々にわたしの中にしみこませてくれました。先生のお助けなしに日本語の修得に進歩を加えることは、きわめて困難だったでしょう。」としたためている。ブラウンは、来日前に、二〇年に及ぶ中国経験があり、マカオのモリソン記念学校の校長をつとめ、当時から熱心な英語教師としても知られていた。

宣教師たちは、熱意をもって英語教育にとりくみ、ひそかに福音の教えを伝えながら、自らは聖書の和訳を目的に日本語学習に精励した。開港地には、海外雄飛を夢見る若者や英語や西洋思想や近代技術に強い関心を持つ者が集まり、これらの塾には、幕府から派遣された役人の子弟や、向学心に燃えた若者を迎えることとなった。ヘボンの診療所にも多くの患者が訪れた。こうした中で宣教師たちは日本語に接する機会を持つと同時に、林董《ただす》や高橋是清ら、のちの政治家や外交官となる日本人と知り合うきっかけを得るのであった。

二・二　漢訳聖書から和訳聖書へ、ヘボンのサブチャンネル

宣教師たちは、日本人の協力を得て伝道用の小冊子をはじめ、日本語の教科書や辞書の作成や聖書の和訳に取りかかった。しかし、宣教師も協力者の日本人たちも宗教について議論できるほど互いの言語に通じていたわけではなかった。互いの宗教や思想の神髄を正確に理解しながら、抽象的な概念の多い聖書をどのように訳していったのか、ヘボンらが書き送ったアメリカ長老教会宛てのミッションレポートから、その過程を紹介しよう。

> 教師を得ましたので、日本語の勉強に集中しております。まだ十分には話せませんが、かなりの進歩をしていると申し上げられますことは感謝です。まだたどたどしい言葉遣いです。日本語は難しい言語です。一般の人たちの間には何の伝道の仕事も直接試みてはおりません。彼らの中に多くの患者がおり、その何人かの家を訪れております。中国語の新約聖書を数冊と、同じ言葉の宗教的な

小冊子を配っております。漢字で印刷された書物を読める人々の割合は、とても小さいものです。わたしの教師は、五〇〇人中一人と見積もっております。しかし、真の日本の文字である、ひらがなで印刷された書物は、すべての人が読みことができると申しております。この文字で聖書のどの部分もまだ印刷されたことはありません。

（一八六〇年一〇月一八日）［傍点筆者］

ヘボン『ヘボン在日書簡全集』岡部一興（編）二〇〇九年

来日当初は、中国から携えてきた漢訳聖書を密かに配布していたが、漢訳聖書が読めるのは、知識階級を中心に一部に限られていたので、民衆への布教をめざす彼らにとって、日本語訳の作成は急務であった。

聖書を日本語に翻訳するということが、わたしどもの最も重要な事業であると、わたしどもすべての者が感じております。ですから、日本語の知識を習得し、日本語の書物を読んで、その任務に適するよう努力している次第です。わたしどもの語学の進歩は遅いし、文法や辞典や翻訳などに関し、人の助力を得ることもできず、やむを得ずわたしども自らやるほかありません。けれども非常に励まされ、前途洋々たるものがあります。わたしどもの日本語の教師が少しの苦労なく読み、そして理解し得る立派な漢文の聖書が手許にあるから、聖書翻訳事業に助けとなっております。ブラウン氏とわたしとは、マルコ伝を翻訳する上に大切な手引としてのこの漢文の聖書を、日本文に訳し直すことによって、さらに多少の進歩を見たのです。漢籍を読みうる日本人の数は非常に少数で、その数について意見はまちまちです。しかし、大人の漢籍読書力から察しても、大体判断して五十分の一に足らないと思います。

（一八六一年二月一四日）［傍点筆者］

ヘボン（前掲書）

わたしどもは日本語の辞書を調べ、単語や熟語をたくさん集め、これを訂正したり、これに付け加えたりしました。また日本語をもっと知りたいために、日本人の書いた本を幾冊も読んでいます。日本語でどの程度の仕事ができるか、試すためにマルコ伝を日本語に翻訳することを始めました。この翻訳をやってみて、中国における宣教師たちの訳したすばらしい漢訳聖書によって、非常な助けを受けたことを発見いたしました。実にこれは偉大なる助力でありました。それは日本語の聖書の基礎となっているのです。日本語の聖書は漢字に日本語の格や動詞の語尾を挟んで熟語を作って文章を綴ったものであります。これを例証するため「四書」から取った一つの文章に日本文を添えてみます。

有朋自遠方来不亦楽乎

朋有《あり》遠方自《より》来る亦《また》楽ま不《ざら》ん乎《や》

教養のある日本人ならみな何の苦もなく漢文の聖書を読むことができます。ちょうど我々がラテン語を読むように訓点をつけて読むのです。

（一八六一年四月一七日）［傍点筆者］

ヘボン（前掲書）

宣教師と日本人協力者が互いの言語に通じていなくても、日本人協力者たちが漢文に通じていたので、漢訳聖書を利用して和訳ができたのである。聖書の和訳とは、在華宣教師が訳した漢訳聖書から、日本人協力者が日本語に訳すといった重訳が基礎にあった。

現在、わたしのおもな仕事は、聖書の翻訳です。ふたりの日本語教師を、毎日、一時から五時まで雇っています。彼らは、まず、漢訳の聖書を開いて、できるかぎりよい訳をします。それから、わたしは、ギリシャ語またはヘブル語の原典と照らして、彼らといっしょにいて訳文を調べ、手元にある聖書を、わたしの力の及ぶかぎり、最も適当な訳文に訂正するのです。こんなふうに訂正して彼らのきれいに書いていたページがきたなくなるまで添削します。（…）日本語の教師のひとりは、もともと私が雇う以前から、漢訳聖書で、マタイによる福音書の訳をしていました。

（一八六五年一〇月三一日）［傍点筆者］

ブラウン『S・R・ブラウン書簡』高谷道男（編訳）一九六五年

一連のアメリカ長老教会宛てのミッションレポートには、英語による欽定聖書や漢訳聖書だけでなく、ギリシャ語版も参照しながら、共同で翻訳を行った様子が綴られている。聖書の和訳に日本人協力者の貢献は大きかったが、協力者の名前は禁教下においてはあえて記されることはなかった。この書簡には、漢訳聖書を「ある大名」が注文していたとしばしば報告されているが、その名前も記されていない。

次の段階は、対象の想定と日本語の文体の選択である。ヘボンやブラウンは、漢文が読める知識階級だけではなく、大衆への普及をめざしていたため、広く読まれるよう、平易な分かりやすい文章を望んでいた。翻訳の作業において、どの日本語を選ぶのかという点も考えなければならなかった。当時は話し言葉にも書き言葉にも、武士の言葉、町人の言葉、漢文書き下し文、候文など独特の言い回しや文体も多数存在し、だれもが読める標準語が定まっていなかった。大衆への普及をめざす場合、漢字をどの程度使用するか、仮名書きにするかといった問題もあった。重要なのは、聖書に出てくる専門用語をどう訳すかという問題である。こうしたことは、共同作業の中でも、日本人の協力者の判断に負うところが大きかった。さらに、ブラウンが熱望していたのは、「国民に理解されるばかりでなく、文学的作品として人びとの心を引きつけ、やがて欽定訳聖書が英語を使う諸国民に影響を及ぼしたのと同じように、日本国民の精神を感化する標準書となる聖書の日本語訳をつくること」であったが、これも、協力者である日本人に頼ることとなった。しかも、禁教下に西洋人と行き来するということは、日本語教師にとって危険の伴なう命がけのことであり、期待された任務も負担も非常に大きかった。

ちなみに、ヘボンもブラウンも、日本と中国の違いを次のように書いている。

日本人ほど福音を説いて聞かせるに頼もしい国民は他にありません。（…）また中国人が持っているような新しいもの、外国のものに対する反感などもありません。むしろ外来文化は推薦されております。特別の価値があるとさえ考えられているようです。日本人は研究心の強い、物分かりのよい国民で偏見を持たない国民のようです。

（一八六一年三月十一日　神奈川）

ヘボン（前掲書）

一八六六年の六月に、日本人が外国に行くことを許可するという知らせが江戸からあった。（…）外国から学び、外国を尊敬しようとする熱望―これはかつて中国人のあいだでは決して見ることのなかったものだが―を明らかに示している。

グリフィス『われに百の命あらば』渡辺省三（訳）一九八五年

このように、草創期の聖書は、中国経験のある宣教師たちと漢文の知識のある日本人の協力者によって、漢訳聖書をサブチャンネルとして、日本語へ訳されていったのである。

二・三　メドハーストの辞書めぐりゆく

草創期の英和・和英語彙集の誕生とその後の数奇な運命について紹介しよう。これは、来日宣教師によるものではなく、日本が開国する前に、東南アジアのマラッカで、日本語知識のない宣教師によって作成されたものである。さらに驚くべきことは、やがて、日本に届けられ、生まれ変わり新たな利用者を得ていくのである。

それは、イギリス人のプロテスタント宣教師ウォルター・ヘンリー・メドハースト（一七九六〜一八五七）による『英和・和英語彙集』（一八三〇）である。イギリスやオランダの海外領土であるマラッカやバタヴィアには、中国人居住者も多く、彼らの協力を得て中国語の辞書を刊行しながら日本入国の機会を待つ宣教師もいた。メドハーストもその一人であった。当時のバタヴィアには、オランダの東インド会社があり、長崎からやってきたオランダ商館員が立ち寄るので、日本の話を聞くこともできたし、日本から持ち帰った文物に触れることもできた。出島から持ち出された日本の書物との出会いは、日本入国を待つ宣教師たちの日本語への関心を掻き立てたに違いない。中国語が堪能なメドハーストはこの中で日本人向けのオランダ語辞書を見つけ、それを底本にこの語彙集を作成した。メドハーストの語彙集のタイトルページには、次のように記されている。

日本から戻った数名の紳士の好意により何冊かの日本の書籍が閲覧でき、漢字の知識があったおかげで、特に日本語と漢字が併記されている書物を通じ本書が完成した。

八耳俊文「入華プロテスタント宣教師と日本の書物・西洋の書物」二〇〇五年

この「日本から戻った数名の紳士」のうち一人が、シーボルト事件で国外追放となったシーボルトである。この語彙集の底本となったのが、日本人向けのオランダ語辞書、『蘭語訳撰』（一八一〇）であったと推測されている。これは、シーボルトと親交のあった豊前中津藩主、奥平昌高が、オランダ通詞馬場佐十郎に依頼し作成したもので、イロハ順で天文・地理など一九部門に分けて約七〇〇〇語の語彙表現が収録された辞書である。メドハーストは、これを底本に、英和語彙集を作成したが、さらに、語学の才能を遺憾なく発揮して、福建語辞典やマレー語辞典など辞書作成に尽力した人物であった。このように、一九世紀のマカオやマラッカには、中国語が堪能な宣教師が、英和語彙集や和訳聖書を用意しながら、日本への入国を待っていたのである。

メドハーストは、一八三〇年という時期に、どのようにこの膨大な作業に取り組みことができたのだろうか。バタヴィアで長崎から運ばれてきたかなりの量の日本の書物に触れ、すっかり魅了された彼は、仮名を学んで日本語と英語の語彙集を作成し、聖書を日本語に翻訳するという希望を持った。一八三〇年三月付の家族にあてた手紙には、日本語の研究に多大な時間を費やしていることや、シーボルトが収集した日本の書籍は一五〇〇冊以上あると記していた。メドハーストは、シーボルトが追放されてバタヴィアにやってきた時に接して以来、その後も書簡を送り続けていることから、多くの日本情報を得ていたに違いない。

さて、書物の日本語しか接したことのないメドハーストが、日本人がオランダ語を学ぶための辞書『蘭語訳撰』を使って、どのように英和辞書を作成したのだろうか。中国人一〇人の協力を得て、『蘭語訳撰』の日本語の部分をすべて筆写、メドハースト自らはオランダ語を英語に置き換える作業に没頭したという。こうして完成したのが、『英和・和英語彙集』であった。初めてとなる和英語彙集の作成には、中国人の協力とともに中国語やオランダ語がサブチャンネルとなったのである。

その後、この辞書は姿を変えてさらなる利用者に恵まれた。『蘭語訳撰』が『英和・和英語彙集』となって長崎に里帰りすると、フランス語学者村上英俊によって、フランス語、オランダ語を付して『三語便覧』（一八五四）として、日本人向けの辞書として生まれ変わった。『三語便覧』は、オランダ語をドイツ語に替えて、日・仏・英・独の対訳の『三語便覧』も作成された。さらに「和英」の抄訳をもとに『仏英訓弁』（一八五五）、「英和」「英和」の部分をもとに『英語箋』（一八五七、一八六三）も作成された。

『蘭語訳撰』（一八一〇）日本語話者向け・オランダ語辞書
一『英和・和英語彙集』（一八三〇）英語話者向け・日本語辞書
二『三語便覧（英・仏・蘭）』（一八五四）日本語話者向け・英語、フランス語、オランダ語（⇒ドイツ語）辞書
三『仏英訓弁』（一八五五）日本語話者向け・フランス語、英語辞書
四『英語箋』（一八五七、一八六三）日本語話者向け・英語辞書

オランダ語辞書『蘭語訳撰』は、オランダ通詞の馬場佐十郎が中津藩の殿様の命を受けて作成したものであったが、これが、長崎からバタヴィアにもたらされ、イギリス人宣教師メドハーストによって英語話者向けに『英和・和英語彙集』と生まれ変わった（一）。さらに、それが、長崎に里帰りし、英語やフランス語を学ぶための辞書となり、日本で新たな利用者を得た（二〜四）。日本語話者向けの辞書が、一八五四年、日米和親条約締結の年以降、続けて作成されていることが分かる。日本の西洋語学習がオランダ語一辺倒の時代から英語やフランス語が加わる時期でもあった。この作業を成し遂げた村上

英俊は、漢学や蘭学の素養が深く、師である佐久間象山からフランス語学習を勧められてフランス語を始めたという。西洋語の語学書は、漢文やオランダ語に通じた者が作成し、利用された。すなわち、当時の日本では、漢文やオランダは新しい西洋語を摂取するためのサブチャンネルだったのである。

メドハーストに話を戻すと、彼は布教のためではなく日本語を学ぶ目的で来日を切望していた。ところが、長崎のオランダ商館から、日本では外国人に日本語を教えることはご法度とされ、宣教師が来日したとなれば、本人が処刑されるにとどまらず、オランダは日本と国交を断絶されるかもしれないと伝えられて断念したという。

『英和・和英語彙集』も、メドハーストにオランダ語と中国語の知識があったからこそ誕生したのである。さらにいえば、西洋人による初めての日本語語彙集は、中国人というメディエーターの存在とともに、メドハーストに日本語研究への熱い想いがなければ成立しなかっただろう。草創期の日本の外国語辞書も、海外の優れた辞書を底本とし、別の言語の語学書へと姿を変えていったが、漢学とオランダ語の知識がこれを可能にした。サブチャンネルを使いながら新たな言語の辞書を誕生させていく例は、このあともしばらく続くのである。

三　日本人の工夫――華英字典から英和字典へ

ここまで、西洋人たちの日本語研究にサブチャンネルがどのように用いられたのかについて紹介してきた。漢文が読める西洋人や漢学の知識の深い日本人の存在、人の行き来は不自由な時代であっても、辞書が海を渡り、時代の需要に応じて新たに生まれ変わった事例を紹介した。次は、日本に紹介された西洋の学問が、蘭学から英学に移行する時期に、どのような工夫がなされたのか、日本側の状況について紹介したい。

三・一　福沢諭吉のサンフランシスコ土産

新たな概念が移入されるたびに、新しい語彙が生まれるが、日本ではその波の一つが、一八世紀の蘭学の興隆期におこった。西洋医学や近代科学を日本語に訳出する際、蘭学者たちが従来の日本語にはない概念を伝えるためにあらたな語彙を創出したのである。この時も漢訳書が参考にされた。オランダ語の知識のある者が、英学という新たな分野に足を踏み入れる際、漢学の知識が活用された例として、啓蒙思想家福沢諭吉の例を紹介しよう。

福沢諭吉は生涯にわたり数々の著作を残したが、彼が初めて記した著作は、『増訂華英通語』（一八六〇）（図2）であった。この種本は、福沢が、江戸幕府初の海外派遣使節である遣米使節に随行員として乗り込み、サンフランシスコに渡ったときに購入したものであった。この随行は、福沢が桂川甫周の仲介で使節団に加わることが許されたもので、いわゆる自費での渡航であった。経済的に決して余裕があったわけではない中購入したのが、清国人子卿（何紫庭）著の広東語と英語の対訳単語集『華英通語』と『ウェブスター字引』の簡略版であった。

福沢は二一歳で蘭学を始め、英学を志したのは一八五九年、二六歳のときであった。自著『福翁自伝』の中の「英学発心」で知られるように、懸命に蘭学を学んだが、開港後の横浜を訪れて、店の看板

図２　『増訂華英通語』福沢諭吉訳　「天文類」13ページ
（関西大学デジタルアーカイブ）

にも商品のラベルにもオランダ語がほとんど使用されていないことを知り、江戸にもどるとまもなく英学に取り組む決意をした。その英学は、横浜で買った二冊の蘭英会話書と対訳発音付き蘭英辞書で、オランダ語の知識を活用しながら英語を独学するという方法であった。ところが、英語が話されているのを聞いた経験のない福沢にとって、最大の問題は、英語の発音であった。長崎から英語をよく知る子供がやってきたり、漂流民が着いたと聞くと宿屋に訪ねて行って習ったりと、ありとあらゆる機会をくまなく利用し、音声言語としての英語を学んだ。

下級武士であった父は漢学者であり、『福翁自伝』によれば、福沢は一四～五歳で本格的に読書（漢学）を志し、『論語』『孟子』を皮切りに熱心に励んだという。こうした背景を持ち英学を志そうとする者は、媒介語として、オランダ語とともに漢文も利用できたわけである。英学を必死に身につけようとする福沢が、サンフランシスコで清国の商人から西洋との取引を行う商人向けの英語教材を購入したのは、自然ななりゆきであった。

『増訂華英通語』を出版したのは、帰国から二カ月後、「英学発心」から一年後のことである。この字典は、英単語を四六類に分類し、英単語を筆記体で書き、その上にカタカナで読み方を、下に漢字で音注を横書きで記し、右側には中国訳のわきにカタカナで日本語の意味を縦書きで示している。カタカナによる発音と日本語の意味の注記が福沢による増補の部分である。この書の冒頭の凡例には漢文で出版の経緯が記されているので、主な点を紹介したい。

・日本も西洋との貿易がさかんになり、英語が必要となるので、自らは英学についてはは日は浅いが、中国人のための英語教科書である『華英通語』を日本語に訳し、国家の急務に役立てたい。原著では発音も意味も漢字で書かれているため、発音を知ることができないため、カタカナで発音表記をした。

・和訳をしていない語句は、日本にそれがない場合か、また類似のものがあっても妥当な訳語が見当たらないときである。

・訳語は粗野であることを厭わず、つとめて、俗語を用い、かつ国字をもってこれを書する。理由は単に漢字を多く知らない日本人商人のためのみではなく、外客の我が土音を学ぶ者の一助としたいためである。

［傍点筆者］

平井一弘「福沢諭吉『増訂華英通語』の「音訳」と「義訳」」一九九九年

凡例の中で「カタカナで発音表記をした」というのは、現在の私たちにとって、何の変哲もないことかもしれないが、福沢は、「英学発心」以来、英語の聞き取りや発音に苦心していた。日本語の耳で、すなわち、日本語の音韻体系でふるいにかけてカタカナで英語の単語を表記しても英語の原音に近づけることは難しい。そこで、福沢は、日本語にない英語の発音をあらわすために、カタカナにあらたな音を表す機能を持たせるという方法をとった。その一つ、Vの発音を原音に近づけるために、「ウ」に濁点をつけて「ヴ」という新しい文字を創案したのであるが、これは、彼の功績の一つとして英学史でも知られている。

日本語の意味を話し言葉で記し文字にカナを使用したことで、「外客の我が土音を学ぶ者」、すなわち、外国人が日本語の発音を学ぶ際の助けとなることをこの時期から想定していたのは、非常に興味深い。また、和訳をせず、中国語のまま残したという点から日本語にない概念は中国語で理解していたと推測される。

数々の著作を残した福沢の初めての著作が、『増訂華英通語』であった。福沢は、鎖国の扉を開き近代化を歩みだしたばかりの日本が真っ先に取り組むべきは外国語の研究であると認識し、オランダ語や漢文をサブチャンネルとして英語を学び、遣米使節団に自ら乗り込んだ。アメリカでは華英字典を求め、帰国後ただちに日本語話者向けに増訂、さらに、外国人の日本語学習者を念頭においていた。外国語研究という点から見ても、彼は文明開化を牽引する時代の開拓者であったことが分かる。この辞書の名称であるが、日本語による解説があるが、『和英』ではなく『増訂華英』としている。原本の名称を残すという意図もあったろうが、はたしてそれだけであろうか。その点については、このあとさらに探ってみたい。

三・二　明治政府も字典をまとめ買い

日本の英語教育は、一八〇八年に起きたフェートン号事件（イギリス軍艦がオランダ船を捕獲するために鎖国下の長崎港に侵入した事件）をきっかけに始まった。幕府は、この事件をきっかけに、国防の必要性を痛感しオランダ通詞に英語学習を命じたのである。一八五四年の日米和親条約締結以降、メドハーストによる『英和・和英語彙集』が、日本人向けに、『三語便覧』（一八五五）などに形を変えて、英語やフランス語などの言語需要に対応したことを紹介したが、明治になると本格的な英和辞典の編集がいよいよ本格化した。底本とされた辞書の中で、近代日本語の形成に大きな影響を与えたとされているものを二冊紹介しよう。

一冊目は、ロブシャイドの『英華字典』（一八六六〜一八六九）である。これは、ウィリアム・ロブシャイド（一八二二〜一八九三）が、プロテスタントの宣教師として中国伝道を行う中で、言語の才能を発揮して編纂した華英字典で、二〇一三頁からなる大著である。英語語彙に対する中国語訳は非常に詳しく、すべての語彙に広東語と北京官話の発音を記している。この『英華字典』は非常に高価なものであったが、明治政府はまとめて購入している。内閣文庫がロブシャイドの辞典を三六冊所蔵し、うち一〇冊は大蔵省で、九冊は内務省で所有していたという。官僚たちは漢文に通じ、漢文による説明から英語を理解していたのである。

ロブシャイドは日本にも来ていた。一八五四年、日米和親条約批准書交換の際、漢文およびオランダ語通訳として来日し、ペリー来航の際にオランダ語の通訳を務めた堀達之助と交流を持ち、メドハーストの『英和・和英語彙集』を堀達之助に贈ったという。

二冊目は、辞書の代名詞ともなっているウェブスター辞典である。これは、ノア・ウェブスター（一七五八～一八四三）が、若い時に独立戦争を経験し、イギリスからの脱却やアメリカ国内の綴り字の統一の必要性を痛感していたことから作成されたものである。ウェブスターがめざした辞書は、アメリカ特有の表現や綴り字を収め、イギリスの辞書とは一線を画すアメリカ英語の辞書であり、それが『アメリカ英語辞典』（一八二八、七万語収録）であった。彼の死後、改版を繰り返し、その一部が日本にもわたり多くの利用者に恵まれた。

福沢諭吉も、初めての渡米の際にこの簡略版をもとめていた。ジョン万次郎も、渡米の折これを購入している。この辞書を刊行したメリアム社の資料には、日本の天皇が、ウェブスター系字典を五〇〇冊注文したという記録があり、内閣文庫は、約一〇〇冊を所蔵していたということから、明治政府にとって、英学の振興は膨大な予算を使っての国家事業であったことがうかがえる。

三・三　ロブシャイド字典の翻刻、中国へ里帰り

近代日本語の形成に大きな影響を与えたと言われるのが、ロブシャイド字典である。これを底本とした字典の中から、中村正直（敬宇）校正『英華和訳字典』（一八七九～一八八一）（図3）と、井上哲次郎による『増訂英華字典』（一八八三～一八八五）（図4）について紹介しよう。

図3　『英華和訳字典』中村敬宇校正　表紙と第1ページ
（国立国会図書館デジタルコレクション）

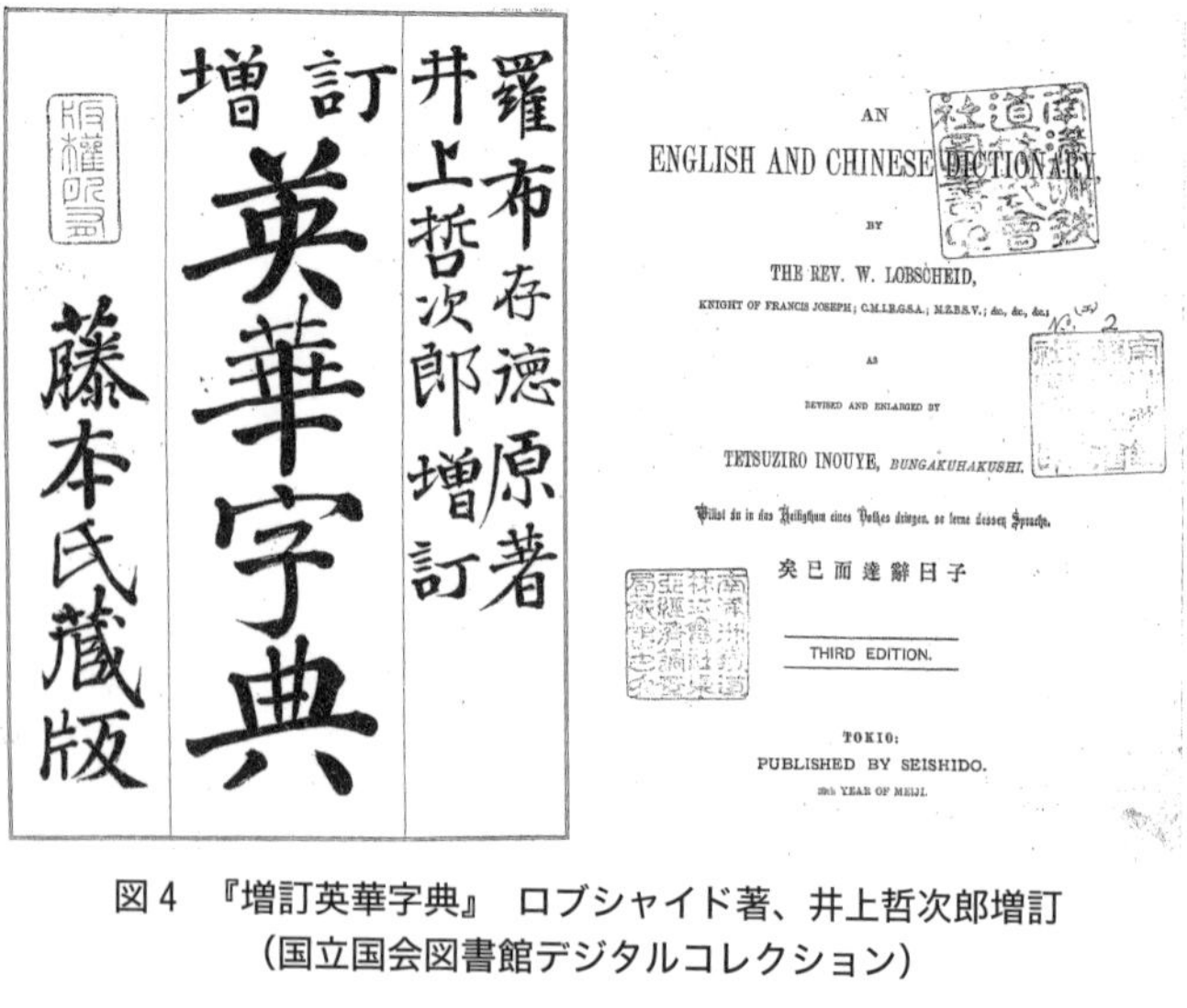

図4　『増訂英華字典』ロブシャイド著、井上哲次郎増訂
（国立国会図書館デジタルコレクション）

中村正直校正『英華和訳字典』

中村正直（敬宇）は、幕府の儒官をつとめ、幕末にイギリスに留学し、『西国立志論』の翻訳で知られる。この書は福沢諭吉の『学問のすすめ』と並ぶ、当時のベストセラーであった。中村の字典は、大判の三二五四頁に及ぶもので、中国語訳に和訳をカタカナで示し、英文表紙に「発音付き」と明記されているように、発音はローマ字で示すという方法をとっている。ロブシャイドによる中国語訳は一単語に対し多くの訳を付けているが、日本人に馴染みのない漢字や語法、成句など理解しにくいものは省略した。あとがきには、明治五年から六年の歳月をかけて完成したことが記されている。

この字典は、書名『英華和字典』が示すように、「英華字典」に和訳が加えられたものであり、中国語を含む三言語が併記されている。つまり、英語を学ぶだけの字書であれば、「英和字典」とし、中国語を残す必要はないはずだが、ロブシャイドの『華英字典』の中国語部分を精査し掲載されているのである。本来、日本語話者が英語を学ぶための辞書であったはずだが、和英字典とせず、中国語も残したのは、福沢諭吉の『増訂華英通語』の場合と同様であった。

井上哲次郎『増訂英華字典』

井上の字典は、中村のものや従来の辞書とは少し異なる。意義や概念だけでなく、訳語を尽くすべきであるとの考えから、ロブシャイド字典の中国語だけでなく、代表的な英華字典から訳語を網羅的に集めている。すなわち、英語に対する訳語を日本語で示すのではなく、当時の代表的な華英字典の中国語による訳語を収集、精査した集大成版ともいえる特徴を持ち、付録として、中国の格言、成句、熟語の英訳、仏教用語、道教、暦法など、中国独特の用語の英訳、中国周辺の国名が英語名で記されている。中国について英文で解説する際に非常に有用な字典でもあった。井上の『増訂英華字典』は、一八九九年、一九〇六年と版を重ね、日清戦争後来日した清国留学生にも利用され、販路を拡げて、一九〇三年には上海で出版された。

このように、明治期の英語辞書の編纂は、華英字典を底本に長足の進歩を遂げた。その数は、維新前の五六年間は一九種なのに対し、維新後の二〇年に一一〇種が存在したという。中村正直や井上哲次郎が増補改訂した字典もここに含まれる。

幕末以降英語を理解するために、英蘭辞典から華英字典へ、サブチャンネルはオランダ語から中国語にきりかえている。これは中国における英学の発展、例えば、明治初年にロブシャイドの画期的な字典が完成したこと、日本における洋学の中心が蘭学から英学に移ったことと無関係ではなかった。中国における英学が未発達な時代であれば、英蘭辞書に頼るしかなかった。しかし、明治初年に豊富な語彙を収める複数の英華字典が日本に渡ってきたことによって、漢学者の層が厚い日本で新たな辞書作りに積極的に利用されていったのである。しかし、これだけでは、中国語をそのまま辞書に残す理由にはならない。当時の知識人の漢学の読み書き能力は優れていた。本書で紹介した辞書の前書きや後書きは、候文や漢文書き下し文ではなく、漢文で書かれている。これは、辞書に限らず当時の書物の特徴でもあった。すなわち、漢学書を原書で読み、漢文で文章を綴るのが習慣となっていた当時の知識人にとって、該当する日本語がない場合、あえて日本語や日本文を添えず漢文のままでよかった。学問を理解し、思想を表現する手段が漢文だったのである。こう考えると、近代思想や科学の概念を表現するにあたり、それが日本語に該当する表現がない場合、漢文はそれを補うための重要なチャンネルであり、辞書名に漢文による解説があることを明示するのは必然的なことであったろう。さらに言えば、漢文の知識があれば、この辞書が使えるというメッセージともなり、利用者を広げることもできたのではないだろうか。

当時は、西洋の新しい概念を日本語として受け入れるにあたり、原語の語形をカタカナで音を表記して受け入れるのではなく、概念を訳出することが重要であった。これにより、日本語に多くの新語が誕生した。そうした近代日本語の形成の課程で英華字典の影響は極めて大きかった。さらに英華字典のほか、西洋書の漢訳本や中国の古典をあわせて検討することで、英語の訳語が決まった。一つ一つの語彙誕生の経緯については、日中語彙交流史や近代語の研究が詳しいので参照されたい。

さて、このロブシャイドの字典に注目したのは、日本人の学者ばかりではなかった。横浜の外国人居留地で印刷出版業を営む英国籍の馮鏡如（一八四四?〜一九一三）もその一人である。彼は、香港から日本に渡ったのであるが、一八九五年に日本に亡命した孫文を支援する興中会横浜分会の会長を務めていたことでも知られる。馮は、当時の中国に西洋の思想、学問、科学を学んだ人材が必要であると痛感し、新語を収録した辞書を求め、『新増華英字典』（一八九七）を刊行した。これはロブシャイドの字典を増補改訂したものであるが、井上のものを全面的に継承し、一八九七年の初版以降、二〇世紀以降も内外で少なくとも一七版まで増刷されたという。清朝打倒、救国の機運が盛り上がり、孫文を支援する興中会が結成される時期に、革命の拠点である横浜で、この字典の初版が出版されたのである。

三・四　創作活動と漢文――鴎外や漱石の場合

国語学者の山田孝雄は、自著の「洋学の翻訳より生じたる漢語」の節で次のように記している。

近代西洋文化をわが国語の中に伝えたるものも亦主として漢語たり。この種の漢語は、支那の古典によりてすでに用いられしものを転用したるものもあるべきが、又新たに作られたるものも少なからざるなり。而してこれに二の源あり。一は支那にて西洋文化を輸入するために撰せし翻訳書に用いたる語をば我が国語にてもそれを襲用せしものなり。一は本邦にて西洋文化を輸入するために撰せしものにして、これも支那の古典に典拠あるものを求めしものと、本邦にて新に選定せしものとあり

山田孝雄『国語の中に於ける漢語の研究』一九四〇年

山田は、近代化の過程で西洋書の中の新たな概念を日本語に訳出する際、中国の古典や中国で誕生した漢訳書を参照してきたこと、日本で独自に訳語を創出する際にも、中国古典が拠り所とされたことを指摘している。ここで繰り返しでてくるのが中国の古典であるが、この知識を有していた当時の知識人たちの言語生活とはどのようなものだったのだろうか。明治を代表する作家の中で、森鴎外と夏目漱石について紹介したい。

明治の文豪、森鴎外は、格調高い文体を生み出したことで知られる。彼は六歳で「論語」、七歳で「孟子」の素読を学び、九歳のとき、蘭学医の父からオランダ語を学んだ。一一歳で上京しドイツ語を

始め、翌年東京医学校（現在の東京大学医学部）の予科に入る。教授は、全員ドイツ人で、ドイツ語の講義は漢文に訳し、ノートを取ったという。ドイツ留学中の日記も漢文であった。日記の中には漢詩も残している。初期の西洋文学の翻訳の中には、ドイツ語や英語の原典からまず漢文に訳し、さらに日本語に訳すというものもあった。

夏目漱石は、幼いころから漢詩や漢文に親しんでいた。東大予備門に入るために英語を学び、葛藤の末、英文学を専攻した。当時の帝国大学の教授たちはほとんどがお雇い外国人であった。

余は少時好んで漢籍を学びたり。之を学ぶ事短かきにも関らず、文学は斯くの如き者なりとの定義を漠然と冥々裏に左国史漢より得たり。ひそかに思ふに英文学も亦かくの如きものなるべし、斯の如きものならば生涯を挙げて之を学ぶも、あながち悔ゆることなかるべしと。

『定本漱石全集』第九巻、二〇一七年

漱石は、『文学論』の序によれば、英文学に生涯をかけると決意するにあたり、幼いころから慣れ親しんでいた漢文学を基準に判断したという。イギリス留学を経て、小泉八雲の後任として東京帝国大学の英文科講師となった漱石であるが、かつて、一高時代には房総紀行『木屑録』を漢詩をちりばめた漢文で記し、風景や心情を表現してきた。彼の文学作品に現れる漢文の影響については、多くの研究者たちが指摘するところである。西洋の書を読み、日本語で文芸活動を行ったが、漢詩も文学的表現の手段であった。鴎外も多くの文芸作品を世に送るとともに、卓越した語学力を発揮して、ゲーテやイプセンなど西洋文学の翻訳に生涯に渡り取り組んだ。格調高い文章を生み出した彼の創作活動に漢学の影響があったことは言うまでもない。

文豪に限らず当時の知識人たちのマルチリンガルな言語（書き言葉）生活を支えたのが、一連の字典であった。思想も科学も文芸もそれに形をあたえるのは言葉である。外来の英語を理解するために、英和字典ではなく、英華字典の訓訳という形式をとったことは、このような言語生活を送っていた人々にとって、いたって自然なことであったのであろう。漢文を訓読で理解し漢文で日記を記すなど日常の読み書きも漢文で行い、漢詩を生活の中で楽しむ人々にとって、漢文は主要な表現の手段であり、外国語やサブチャンネルであるという意識は微塵もなかったに違いない。

四　横浜の「南京さん」と長崎唐通事

四・一　横浜ピジンと「南京さん」

ここまで、日本語と西洋語の間で書物や辞書の翻訳に、漢文の知識や中国人が重要な役割を果たしてきた例を紹介してきた。日本と接触を試みる西洋人側に中国語の知識が必要であると認識されていた例である。では、西洋人に中国語の知識がない場合や、書物の翻訳ではなく商取引の場面ではどうだったのだろうか。本節では、安政の五ヵ国条約が締結されて交易が始まったころの横浜を取り上げる。

一八五九年の開港以来、小さな漁村に過ぎなかった横浜には、外国商人たちが大挙して押し寄せ、瞬く間に日本を代表する国際貿易港となった。横浜にやってきたのは、主として、上海や香港の商社に勤

図5　「横浜異人商館売場之図」（https://commons.wikimedia.org）

務する若い西洋人で、新しく開港した横浜でビジネスチャンスを狙う冒険的な商魂を持つ人々であった。また全国から横浜にやってきて店を構えた日本人たちも、初めての外国ビジネスに夢を膨らませていた。しかし、彼らは言葉が通じず意思疎通を図ることはできなかった。そこで、西洋人に雇われた「買弁」と呼ばれる中国商人が、通訳や交渉にあたったのである。中国人は、西洋の言語を理解し、何よりも漢字を使って日本人と意思疎通が図れ、交易に必要なアジアの産品に関する知識を持ち合わせていたからである。今も、横浜や神戸、長崎などには、中華街や南京町が残るが、その誕生の起源をたどれば、当時の彼らの役割が見えてくる。

この「買弁」のルーツは古く、唐代までさかのぼると言う。唐の都長安は国際都市であり、アラビアをはじめ各地から外国商人が訪れていた。清代に創設された貿易独占体制「公行」制度は、一八四二年南京条約によって廃止され、その後は、「買弁」が中国に進出する西洋の商社の通訳兼、交渉の仲介役を担うようになった。彼らは、西洋人が中国で展開しようとする経済取引や日常生活全般に渡り世話をし、また、西洋人が日本へビジネスで出向く際、西洋人に雇われ、横浜、長崎、神戸など開港都市にもやってきたのである。

特に、横浜は、外国商人が求める絹が全国から集まる地でもあり、瞬く間に日本で最大の貿易港となった（図5）。しかし、横浜は長崎とは異なった。長崎には出島に唐通事がいたが、開港したばかりの横浜にはそのような専門集団はいなかった。そこで活躍したのが、西洋人に雇われてやってきた「買弁」たちで、日本では「南京さん」と呼ばれた。彼らは、開港後しばらくの間、日本の対外貿易の場で交渉の仲介役として活躍した。西洋の言語が話せる「南京さん」は、日本人商人と筆談で意思疎通を図り、西洋の商人に通訳した。

そんな中、日本語を理解しない外国商人と、外国語を理解しない日本人との間に、意思疎通の手段として新しい言葉が生まれた。これは、ピジン語と呼ばれ、異なる言語を話す人々の間で意思疎通を図る場合、互いの言語あるいは複数の言語の発想を合わせ、活用などは省いて単純化したもので、世界各地に見られる現象である。中国の広東でも西洋の商人との間でピジン語が長い間使われていたが、これは「ピジン英語」と呼ばれていた。当時の横浜で発生したピジン語は、なぜ、ピジン英語ではなくピジン日本語であったのかについて、東京帝国大学で言語学を教えていたイギリス人、バジル＝ホール・チェンバレンは次のように観察している。


中国では、中国語が非常に覚えにくいが、中国人自身は確かに外国語を覚えこむ才能をもっているので、もっとも多数の外国人すなわち英国人の言葉が、交渉の手段として用いられるようになっている。それは純粋の英語ではなくて、ピジン・イングリッシュとして知られている、形のくずれた英語である。(…)日本では、事情が逆である。われわれのほうが、方言として「ピジン日本語」を用いる。はじめてこの国に来た人々は、何かをしてもらいたいときに、車夫や女中に分からせるために、この言葉をすぐに覚える。これは開港地においては、重要な取引の手段としても役に立っている。

チェンバレン『日本事物誌二』高梨健吉(訳)一九六九年

日本語はあまり難しくない上、日本人は外国語を覚えるのが得意ではないため、ピジン英語ではなくピジン日本語ができた、つまり、中国とは逆だというのである。

ピジンの語源は、「ビジネス」という説もあるが、広東語で「お金をあげる」「支払う」を意味する“bei chin”という言葉があり、語頭の“b”が清音化して、“p”に近い音になったという説もある。

横浜で誕生したピジン語は、ピジン日本語、横浜ピジン、横浜方言と呼ばれた。日本語の語彙に、中国語やマレー語、英語がまざり、ペケ、ポンコツ、シンジョウ、テンポウ(天保銭)、そして、日本語のアナタ、ヨロシイ、タイサンヨロシイ(とてもいい)、オハヨウ、サイナラなどが多く用いられている。当時の横浜を活写した『横浜繁昌記』という書物の中に「蕃客学語」と題する話があるが、この中にピジン語を使う西洋と日本の商人の会話がある。日本の商人が魚籃を降ろして西洋の商人と交渉する場面を紹介しよう。

商人:アナタ　オハヨウ。

洋客：ニッポン　オハヨウ。
商人：コンニチ　ワタクシ　サカナ　マコト　ヤスイ。アナタ　カイマスカ。
洋客：アナタ　ヤスイ。ワタクシ　カウ。アナタ　タカイ。ワタクシ　ペケペケ。
商人：マコト　ヤスイ。ワタクシ　マコト。
洋客：コノ　カレイ　ヒトツ。テンポウ　イクツ。
商人：ワタクシ　マコト。ニッポン　イチブ　フタツ。
洋客：アナタ　タカイ。ニッポン　アキナヒ　フジノヤマ　オナジコト。
商人：ワタクシ　スコシ　マケル。
洋客：ナナツ　テンポウ　ヨカ。
商人：アナタヨカ。ワタクシ　マコト　ペケ。ゼンタイ　イチブ　ヒトツ。マダマダ　アナタ　ヤスイ。
洋客：ソウ。テンポウ　トヲ　ヨカ。
商人：ヨカヨカ。

助詞も活用も見事にない。「ヨロシイ」ではなく、「ヨカ」を用いているのは、全国から商人たちが集まっていたことを記すためだったのだろうか。注目したいのは、横浜ピジンは外国商人だけでなく日本人商人が積極的に使用している点である。これは、現代の言語教育用語で、フォリナートークと呼ばれるもので、例えば、日本語話者が、非母語話者と話すとき、不自然であっても相手にわかるよう簡単な言葉や表現を用いた話し方のことである。当時、日本人商人のフォリナートークの場面、つまり、横浜ピジンを積極的に用いて外国商人と交渉する姿を描いているのは興味深い。

この方言を学ぶための教本も作成されている。*Revised and enlarged edition of exercises in the Yokohama dialect*（『改訂増補版横浜方言練習帳』一八七九年：初版一八七三年、H.Atkinson, Homoco）という改訂増補版も印刷されているのである。その最後には「南京風日本語表現」の項を設け、三頁にわたり解説しているが、英米人の使う横浜ピジンと、中国系の人々が使う横浜ピジンには、語彙や発音の面で多少のずれがあったという。この教本自体、ユーモアや揶揄を交えているように読めるが、「南京風日本語表現」という項目を設けているように、このピジンの担い手として、「南京さん」の影響は大きかった。

横浜ピジンとして生まれた単語のほとんどは、現在では使われなくなってしまったが、形や意味を変え地域を超えて広がったものもある。また、横浜ピジンには、中国語起源と思われるチャブ（食事）、シンジョウ（あげる、さしあげる）、チャンポン（混ぜる）、ペケ（マレー語起源という説もあり）などがある。

開港場横浜には、やがて英語塾がいくつも作られ、日本人商人や運上所の役人たちの英語力が高まると、次第に買弁は商取引の表舞台から姿を消していった。

これまで紹介してきたサブチャンネルは、漢文という書き言葉であったが、横浜ピジンは、商取引の現場で用いられた話し言葉に中国語が現れる例であり、これは当時の開港場での交渉者たちを想起させる貴重なピジン言語の例である。

四・二　長崎の唐通事何礼之と英学人材

最期に、中国にルーツのある唐通事の活躍について紹介しよう。「鎖国」時代、長崎には、オランダや中国との貿易交渉を担う職能集団が存在した。彼らは、オランダ通詞、唐通事と呼ばれる人々で、通訳や商務、外交顧問などの役割を担っていた。オランダ通詞は日本人であったが、唐通事のほとんどは中国から貿易のため長崎に移住し、その後帰化した人々であった。唐通事たちの中には二世以降、日本人を妻とし帰化した人々が多かったが、祖先が中国人であることを誇りにし、中国の文化や慣習を重んじ、代々継承していった。儒学に通じ、書画や詩文に秀でた人物も多かった。

彼らが専門とする言語は、それぞれ、オランダ語と中国語であったが、日本を取り巻く情勢の変化に伴い、ロシア語、フランス語、満州語などが加わっていった。一九世紀初期にはイギリス軍艦が長崎港に侵入したフェートン号事件をきっかけに、幕府から英語の学習が命じられるようになったが、当初はオランダ通詞がこれに対応した。日米和親条約（一八五四）締結後、下田や函館を皮切りに神奈川や長崎の港が開放されて、通詞の派遣が本格化すると、英語人材の養成が急がれるようになった。

一方、唐通事側も漢語、満州語だけでは業務処理が困難となり、英語学習が必要となるが、この背景には、幕末に中国船の来航が減ってきたという事情があり、これは唐通事のあらたな在り方でもあった。こうして、オランダ通詞が本来なすべき欧米人との交渉の場に唐通事が進出し、英語の通訳にはオランダ通詞と唐通事が担当するようになった。オランダ通詞の幕末明治の活躍は知られているが、唐通事についてはほとんど知られていない。そこで、英語を以て幕末明治期の外交、教育、翻訳の面で活躍した唐通事の一人、何礼之《がのりゆき》（一八四二〜一九二三）について紹介したい。

何礼之は、浙江省にルーツを持つ長崎の唐通事の家系何家八代目として生れ、幼いときから大通詞より唐話と呼ばれる中国語（南京官話）を学び、前述のような理由で五歳で英語の学習を始めた。中国語や英語も話せて、漢文の読み書きにも秀でた何礼之は、長崎や大阪の英学塾で、また、自宅で私塾を開き英学を教えた。これらの塾には何礼之の名声を慕って諸藩から多くの俊英が集まった。深夜に及ぶ英語の猛特訓を受け、輪読輪講を通じて、英学を身につけた者の中には、後に遣欧使節団員や官費留学生として欧米に学ぶ者もいた。彼の門弟には、五歳年上の前島密、星亨、陸奥宗光らがいる。また、大坂洋学校は、何礼之の建議によって設置された。

何礼之は、唐通事から幕臣に抜擢され、維新後は新政府に起用、岩倉使節団に随行した。アメリカでは、モンテスキューの英語版『法の精神』に出会い、後に木戸孝允の命で和訳している。彼は、幕末明治期の日本で英学が必要とされていた時期に、何よりも、英学に通じた人材養成に尽力し、多数の洋書を翻訳する傍ら、外交や中央官界へも活動の場を広げていったのである。

さて、何礼之は唐通事としての身分が英語学習に有利であったのだろうか。彼の英語学習は、長崎に滞留したイギリス船の中国人船員やアメリカ人宣教師マクゴーワンらに教わり、入門の段階ですでに『華英・英華字典』を用いて独習していたという。幕末の知識人たちが漢学に学問の基礎をおき、英語も漢文すなわち文字から読み書きを学んでいた時代、彼の英語学習はそれとは異なった。長崎の唐通事として、激動の幕末に長崎に入港する船員たちとの交渉を間近で経験し、海外から届けられた稀有な辞書に触れる機会に恵まれた。長崎の唐通事の家庭で育った彼にとって、外国語学習は時代を生き抜く手段であり、外国語人材の育成は喫緊の課題であると強く認識されていたに違いない。ちなみに、中国学者でエスペランティストの何盛三は、何礼之の養孫である。

このほか、唐通事の中には、『英和字彙』(一八七四、柴田昌吉、子安峻編)に協力した林道三郎もいる。何礼之の活動を通じ、英学人材の需要が急速に高まった時代に、熱意ある教育者が、洋書の翻訳という地道な作業も担い時代を支えていたことにあらためて気づかされるのである。

草創期の異言語間の活動に、どのような場面でサブチャンネルが必要とされたのか、あらためてまとめてみたい。

一　在華宣教師たちは、中国理解のために、より表記法が簡単な満州語を学び、満州語に訳された中国文献を利用した。
二　日本が開国する前、マラッカで和英語彙集が作成された。これは、イギリス人宣教師が長崎からバタヴィアに渡った日本人向けのオランダ語辞書『蘭語訳撰』を用い、中国人の協力を得て完成したものであった。
三　開国後来日した宣教師たちは、漢学の知識のある日本人の協力を得て、漢訳本を用いて、和訳聖書や日本語辞書を作成した。
四　一九世紀の中国ですぐれた華英辞書が作成されたことにより、日本での英学が、蘭英辞書から華英辞書を底本に辞書が作成されるようになったが、華英辞典に訓訳を付す形で中国語を残したまま出版されることがあった。

以上、西洋と日本の間で異言語間に橋を架ける活動が、中国や日本を舞台にどのように行われたかについて紹介してきた。では、ヨーロッパでは、草創期のパイオニアたちはどのように日本語研究を行ったのだろうか、サブチャンネルは用いられたのだろうか。第五章では、この問いに応えるべく、舞台をヨーロッパに移し、西洋と日本と中国のつながりについて紹介したい。

第五章　西洋で誕生した中国語・日本語学者

一九世紀に作成された華英字典は、日本に伝わると新たに生まれ変わり、近代日本の新漢語の創出にも大きな影響を与えた（第四章）。一方、一七世紀に国外追放された来日宣教師たちは、その後も日本布教再開を待ちながら、日本語の語学書を作成した（第一章）。在華宣教師たちもヨーロッパに語学書をはじめ膨大な量の中国資料をもたらした（第二章）。一連の書物は一九世紀のヨーロッパで新たな利用者にめぐりあうのである。先人の遺産を引き継ぎながら、ヨーロッパの東アジアの言語研究はどのように行われたのだろうか、サブチャンネルは存在したのだろうか。草創期のヨーロッパで誕生した中国語や日本語の研究に取り組む学者たちの活動を紹介していきたい。

一　コレージュ・ド・フランスに「中国及びタタール満州語と文芸講座」が開設される

一七世紀末から一八世紀初頭にかけて、在華イエズス会宣教師たちがフランスに送った報告書や漢籍は膨大な量に上った。それらは、アカデミーや王立図書館に保存されたが、整理が必要であった。一七〇二年、最初の中国人留学生、アルカード・オアンジェ（一六七九〜一七一六、黄嘉略）がパリにやってきた。オアンジェは、ルイ一四世の「お雇い中国人」として、王立図書館の漢籍の整理や翻訳、中国語字典や文法書の編修に取り掛かり、一七一六年に亡くなるまでこの作業を行った。彼の手によって整理された漢籍は、のちの研究者たちに大いに活用され、フランスは東洋語研究発祥の地として他国に水をあけることとなった。

フランスの中国研究は、一八一四年、コレージュ・ド・フランスで始まった。コレージュ・ド・フランスは、一五三〇年に創設された「王立講師団」に由来し、創設以来、自然科学から人文学や各言語に至るまで最先端の教育研究が行われてきた高等教育研究機関である。五〇〇年に及ぶ伝統を引き継ぎ、現在も活動を続けている。当時、中国講座の名称は、「中国及びタタール満州語と文芸講座」であった。すなわち、「中国」のみでなく「タタール満州」も含まれていた。ちなみにこの名称は清朝滅亡（一九一二）後の一九一八年まで続いた。ここに初代教授として着任したのが、後に述べるレミュザである。

フランスには、東洋語に特化した現代口語の教育機関として、パリ図書館付属東洋語学校（通称パリ東洋語学校）が設立された。一七九五年、ナポレオンの命により翻訳・通訳者の養成所として設置されたものである。ナポレオンのエジプト遠征の前年の開講であり、当初は、アラビア語、ペルシャ語、トルコ語が教えられていた。中国語、マレー語が加わったのは、アヘン戦争の翌年の一八四三年のことである。このように、パリ東洋語学校は、北アフリカのアラブ諸国からインドシナ・中国に至る東洋を視野に入れたフランスの植民地政策と不可分な形で展開していった。一九世紀は、ヨーロッパにおいて東洋学が学問として地位を築いた世紀であったが、パリ東洋語学校は、フランスの対外政策と東洋学の確立を背景に発展していったのである。なお、現在は、国立東洋言語文明学院（通称ＩＮＡＬＣＯ）という名称で知られ、九〇以上の言語の講座を持つヨーロッパ屈指の機関である。

コレージュ・ド・フランスとパリ東洋語学校において、中国語や日本語の研究がどのように展開したのか、人物やその成果を紹介する。

一・一　パリ東洋語学校初代所長ラングレスも満州語に通じていた

パリ東洋語学校の初代所長をつとめたのは、ルイ＝マシュー・ラングレス（一七六三〜一八二四、Louis Mathieu Langlès）である。彼は、ペルシャ語を専門とし、古代文字に精通した碑文アカデミーの会員であったが、満州語にも通じていた。宣教師がもたらした満州語文献を用いて満州語を研究し、満州文字に関する『アルファベットのタタール語、満州語』（一七八七）を出版した。印刷にあたり、満州文字の活字を作り、自著に用いたことで、この書は満州文字で活版印刷された最初の印刷物となった。その後、大臣の命により、在華イエズス会宣教師ジョゼフ＝マリー・アミオの作成した満州語辞典を編集、出版し、一八世紀の宣教師による満州語研究を一九世紀の東洋学研究の舞台に蘇らせた。

ラングレスは、日本語や日本に関する著作も翻訳した。ポルトガル人来日宣教師ジョアン・ロドリゲスの『日本語小文典』(一六二〇)を『日本語文典』(一八二五)として、中国学者レミュザとともにフランス語に訳した。また、スウェーデンの植物学者カール・ツンベリーの旅行記『一七七〇年から一七七九年にわたるヨーロッパ・アフリカ・アジア旅行記』の「日本旅行」の部分をフランス語に翻訳し、フランス語による日本情報の蓄積に貢献した。この書は、ツンベリー(一七四三〜一八二八)が、一七七五年にオランダ商館医として長崎に滞在したときの旅行記であり、桂川甫周や中川淳庵ら日本の蘭学者との交歓、江戸参府の際の見聞など、当時の日本を詳細に記録したものである。東洋語学校の設立者であり、初代所長であったラングレスは、中東の言語を専門としたが、満州語にも通じ、満州文字による活字印刷を可能にし、イエズス会士のもたらした満州語辞典を編集、出版するなど、満州語研究に大いに貢献した。日本語に通じていたという記録はないが、西洋人による代表的な著作をフランス語に訳し、日本研究の素地を準備したといえよう。

一・二　中国学の始祖レミュザは日本書も仏訳した

ジャン＝ピエール・アベル・レミュザ(一七八八〜一八三二)と中国語との出会いは、中国の本草書であったという。幼少期に、修道院の神父が所有する大部の中国の本草書と出会い、見知らぬ文字で記された正確な図に魅せられ、これを読破しようと独学で中国語と格闘した。ところが、父の死により母を支えるために安定収入が見込める医学の道へ進み、ナポレオン戦争では軍医として活躍した。そんな中でも、中国語研究は着々とすすめ、二三歳のとき『漢文簡要』（一八一一）を刊行した。一八一三年には、パリ大学から医学博士号を授与され、一八一四年には、コレージュ・ド・フランスの「中国及びタタール満州語と文芸講座」の教授として迎えられたのである。レミュザ二六歳のことである。

コレージュ・ド・フランスでは、早くから、ヘブライ語、アラビア語、シリア語が教えられていたが、一七六八年には、トルコ語やペルシャ語が、一八一四年には、中国語とサンスクリット語が新たに加わった。中国語の講座としてはヨーロッパで最も早かった。ちなみに、サンクトペテルブルグ大学では一八五一年に、ロンドン大学キングスカレッジでは一八五二年、オックスフォード大学では一八七六年と、いずれも、南京条約締結（一八四二）後の開講であった。

レミュザの著作や翻訳は多数あるが、『漢文啓蒙』（一八二二）によって中国語の大家としての地位を確立した。この書は、パリ国立図書館に放置され一〇〇年もの間眠っていたプレマールの『中国語文注解』（一七二〇）（第二章参照）をレミュザが発掘し、その豊かな例文を参考にしたもので、ヨーロッパ初の日本学教授となったオランダのホフマンも、レミュザの著作を使って中国語を学習したという。レミュザは、中国語とともに満州語の能力を獲得し、豊富な文献を使いながら、本格的な満州語の研究も開始している。彼の講義をまとめた『タルタル諸語研究』（一八二〇）は、満州、モンゴル、ウイグル、チベット諸語に関し記述したものであるが、これに続き、多くの満州語入門書が出版されていった。

レミュザは、日本に関連する仕事も残した。オランダ人のイサーク・ティチング（一七四五～一八一二）が仏訳した日本書『日本歴代将軍譜』の遺稿を校訂し出版した。ティチングは、一八世紀末の長崎にオランダ商館長として三度勤め、日本の蘭学興隆期に多くの文人や大名と交流した人物で、『日本歴代将軍譜』は、オランダ通詞の協力を得て彼がフランス語に訳したものであった。ティチングは、一一代将軍徳川家斉の岳父であった島津重豪と頻繁に文通をし、収集した膨大なコレクションは幕府から正式にヨーロッパに持ち帰ってもよいという許可を得るなど、厚遇を得ていた。ヨーロッパに戻ると、日本コレクションとともにパリに移り住んだが、膨大なコレクションは彼の死後散逸してしまった。

レミュザは、江戸初期の百科事典『和漢三才図会』(一七一二、寺島良安)をフランス語に訳している。中国学者である彼が日本書を訳せたのは、後述するように、本文が漢文で書かれていたからである。このほか、前述のように、ラングレスとともにロドリゲスの著作『日本語小文典』を仏訳している。このように、レミュザはラングレスに続き、日本書の翻訳を通じ、フランスにおける日本に関する知識の蓄積にも貢献している。

一八三二年、レミュザはパリを襲ったコレラで四四年の生涯を閉じた。彼は、一度も中国大陸に足を踏み入れることはなかったが、自身のすぐれた研究とともに、中国古典や小説を訳し、アジア協会の会長を務めるなど、ヨーロッパの中国学の始祖と称された。さらに、満州語学習書を作成して中国研究を振興し、日本書の翻訳等を通じて日本研究の素地を準備した点も注目に値する。

このように、ラングレスもレミュザも、フランスの学者たちは、一六世紀以降の宣教師ら、ヨーロッパの先人の偉業をフランス語に訳して甦らせ、次世代の利用者への便宜を図った。歴史的資料の収集、保存、利用といった流れの中で、草創期の学者たちは、文献学のための歴史資料の整理という点においても貢献していたのである。

一・三　賞に名を残すジュリアンと満漢合璧本

レミュザの後任、スタニスラス・ジュリアン（一七九七〜一八七三）は、フランスの中国研究を不動のものとした。彼は、コレージュ・ド・フランスでレミュザに中国語と満州語を学び、一八三二年に中国学教授を、一八五一年には同校の校長をつとめた。彼は、ギリシャ語・アラビア語・ヘブライ語・ペルシャ語・梵語・中国語・満州語を習得したというまさに多言語に通じたポリグロットであった。中国語の詩歌の韻律や仏典に大量に含まれている梵語起源の単語を研究するために、梵語をマスターした。彼の中国学者として、特に漢籍の訳注書、白話小説や養蚕書の翻訳、『漢文指南』（一八六九〜一八七〇）などの文法書や教科書を出版した。

ジュリアンには、漢籍の訳注書の中で『孟子』のラテン語訳がある。この経緯について紹介しよう。フランスには、清朝で出版された満漢合璧本と称される、漢文とともに満州語が併記された書籍がイエズス会士によって多数持ち込まれていた（第二章参照）。一九世紀の東洋学者は、以前の在華宣教師と同じく、中国語だけでなく満州語も習得し、満漢合璧本を用いて中国研究を進めていた。中国古典の翻訳にあたり、満州語に依拠しつつ中国語文献を翻訳するという方法が定着していたのである。ジュリアンも中国語と満州語を習得し、満州語訳を用いて『孟子』に詳細な訳注を付したのである。

一八七五年、中国学に優れた功績をあげた人物を顕彰する賞が創設されたが、これは彼の名をとってスタニスラス・ジュリアン賞と命名された。日本語との関連で云えば、ジュリアンは、弟子の一人レオン・ド・ロニー（後述）に、それまでほとんど研究されていなかった日本語を学ぶようすすめた。フランス日本学の始祖ロニーは、ジュリアンの助言が後押しとなって誕生したのであった。

レミュザやジュリアンは、それまでキリスト教宣教師が行ってきた中国情報の翻訳という作業を、文献の正確な把握とその分析を基礎とする文献学の手法を用いた学問に昇華させていった。一九世紀のフランスの中国研究は、こうして、宣教師の手から研究者に渡り、一八世紀までの異教徒の研究、布教のための研究から、貿易や植民活動のための実務家養成といった需要を背景に、文献研究を軸とした中国研究の地歩を固めていったのである。

一・四　言語の天才クラプロートは漂流民から日本語を学んだ

当時のパリで、東洋語研究に大きな足跡を残した人物としてユリウス・ハインリッヒ・クラプロート（一七八三～一八三五）についても触れておかなければならない。ベルリン生まれの彼は、一四歳のときにベルリンの王室図書館に所蔵されている中国書に魅了され、独学で中国語を学んだ。彼の中国語は長足の進歩を遂げ一九歳で『アジア雑誌』を刊行すると、彼の才能はやがて識者の目に留まり、ロシア帝室アカデミーの学術隊の随行員に選ばれた。当時のロシアでは、黒竜江の帰属を解決するため中国へ使節団を派遣する議が持ち上がり、ロシア帝室アカデミーのアジア語アジア文学準会員の名目で、彼の随行が決まったのである。クラプロートは、シベリア諸民族の言語や習俗を調査し、モンゴル語や満州語に習熟する機会を得、さらに、膨大な量の満漢書、モンゴル、チベットの書籍を収集した。また、イルクーツクでは、漂流民大黒屋光太夫の一行の新蔵から日本語を習い、節用集（漢字に振り仮名を付けた辞書）なども入手している。彼は中国語や満州語に優れ、満州語については初心者のための『満文選』（一八二八）を刊行し、これはヨーロッパで長く使われたという。西はバスク語から、コーカサスや中央アジアの数多くの言語に通じ、比較言語学の視点からそれぞれについて論じている。

日本語はウラルアルタイ語と根本的な関係があると日本語の系統について初めて論じたのはクラプロートだった。また、ドイツ語で著した「琉球の言語サンプル」は、中国の明の時代に編纂された字書『音韻字海』の中で、漢語に対する琉球語の発音が漢字で示されていたのをローマ字で表記したものである。彼は漢書から他の言語の知識を得ていたことが分かる。日本書に関しては、前述の長崎商館長を務めたティチング訳の「日本王代一覧」に補遺を追加し、一八三四年にフランス語で刊行した。

ラングレスやレミュザは文献からしか言語の姿をとらえることができなかったが、クラプロートはロシアの学術隊員として現地に足を踏み入れたことにより、中央アジアの多くの言語に触れ、当時のヨーロッパの研究者が直接触れることのできなかった日本語を、ロシアで漂流民新蔵から習うなど、言語文化の研究においては、当時の他の研究者よりはるかに恵まれた環境にあった。クラプロートは、そうした広範な知識に基づいて、日本語を比較言語学の俎上にのせた初めての言語学者でもあった。

二　日本学の始祖ロニー誕生

二・一　一七歳で日本語文法書を著したロニーの中国語力

琉球で日本語を学んだ宣教師たちが日本本土に渡り活動を始め、蚕をめぐり日仏間の交易が盛んになったころ、パリで日本語の教育が始まった。蚕の伝染病に苦しむフランス養蚕業者にとって、日本産蚕が救世主となりにわかに注目されるようになったのである。一八六三年パリ東洋語学校に初代日本語講師として迎えられたのは、二七歳のレオン・ド・ロニー（一八三七〜一九一四）であった。フランスの日本学の始祖とはどのような人物だったのだろうか。

ロニーは、父リシュリアンの有する見事なアジアコレクションに囲まれ幼少期を過ごした。父から早期教育を受け、幼い頃から本の中で東洋の文字や文化を知る機会に恵まれていた。彼は父の東洋への好奇心を受け継ぎ、一〇代初めに数学の家庭教師と休憩時間に、中国の思想家について話をするほどであったという。

ロニーは、コレージュ・ド・フランスの中国学の泰斗ジュリアンと彼の弟子アントワーヌ・パザンから中国語を習った。一八五二年に一五歳でパリ東洋語学校に入学したときは、タイ語、アラビア語、アルメニア語、ジャワ語なども受講していたが、ジュリアンは彼の言語学習への意欲に気づき、一つの分野に集中するよう忠告するとともに、当時ほとんど研究されていなかった日本語の研究をすすめた。独学で日本語を学んだロニーは、一七歳のとき、『日本語研究に必要な主要な知識の概要』（一八五四）を、その後『日本語研究入門（表紙には「日本語考」と書かれている）』（一八五六）を刊行し、来日宣教師のロドリゲス以来、ヨーロッパで初めて日本語の全体像を提示した。日本語や中国語を中心にアジア各地の言語や歴史、文化に関する著述を残した。未完のものも含むと、二〇〇点をくだらないという。製本植字の技術を習得していたロニーは、自著には日本語の活字を用いた。一八六二年には幕府の遣欧使節団の通訳をつとめ、翌一八六三年、二七歳のとき、パリ東洋語学校の初代日本語講師に、一八六八年には正式に初代教授となった。一八八〇年代には、『古事記』と『日本書紀』の一部をフランス語に訳したが、フランス文での注釈のほか、漢文による注釈も付している。

彼が独学で日本語を学んだ方法とはどのようなものであったのだろうか。前述の『日本語研究入門』（一八五六）の序文を紹介しよう。

（私は）『日本語小文典』を学ぶのに大半の時間を費やした後、『書言字考』を学ぶことに決めた。十三部門にわたって散在し（…）単語を、カードを用いて簡単で分かりやすいアルファベット順に並べなおした。同様に旅行者たちの著作や、とりわけ昔の宣教師たちによって出版された語彙集のあちこちから単語を拾い出し、『書言字考』によってその正しさを確認し、またその誤りを訂正することができた。自分で作成したこれらの資料と帝国図書館の中国・日本関係書籍の助けによって、やっと、当時私が手元に集めていた日本語文献の研究に着手することができた。このようにして既知から未知へと歩みを勧め、新しい基礎の上、自分自身が利用するために、日本語文法を再構成するに至った。

〔傍点筆者〕

伊ヶ崎泰枝「二人の独学者レオン・ド・ロニーと村上英俊」二〇一九年

宣教師ロドリゲスによる『日本語小文典』（一六二〇年、マカオ刊）は、前述のラングレスらがフランス語に訳し一九世紀のフランスに蘇らせたものであり、『書言字考』とは、漢語の読みや日本語と中国語の慣用句をおさめた『和漢音釈書言字考節用集』（一七一七）のことである。これは、シーボルトがヨーロッパに持ち帰った日本コレクションの一つで、後にライデン大学教授となるホフマンらの協力を得て翻刻、解説したものである。当時の日本研究も文献学の伝統の中で行われ、日本文献の正確な把握が必要であったことから、中国語を理解するロニーは、『書言字考』を用いて、日本語文献の漢字の読みを学んだと推測される。

いくら先人の著作があるとはいえ、独学には限界があったと思われるが、中国学の泰斗らから学んだ中国語の知識がこれを補ったと思われる。ロニーの助手を務めた人物の一人小田萬はロニーの日本語力に対し手厳しい評価を下すも、中国学者としての漢文力は認めている。また、福沢諭吉の西航手帳に残る、ロニーのものと思われる筆跡で、四書五経などの書名が漢字で書かれている（図1）。また、ロニーの最後となる日本研究の主要業績は『古事記』や『日本書紀』に注釈をつけたものであるが、フランス語とともに中国語による注釈も付している。ロニーの中国語の読み書きの能力は相当高かったと推測される。

ロニーが「手元に集めていた日本語文献」が、漢文か漢文訓読文で記されていたとしたら、中国語の能力を備えたロニーにとってその理解は困難が伴うものではなかったであろう。フランスの日本学の始祖ロニーは、中国語力を身につけており、中国語をサブチャンネルとして日本文献を理解していた可能性が高い。

二・二　孤独なパイオニアの恵まれた環境

ロニーは、周りに指導を仰げる師がおらず、パイオニアとして孤独な環境にありながら、多くの成果を発表した。その要因を三点挙げてみる。

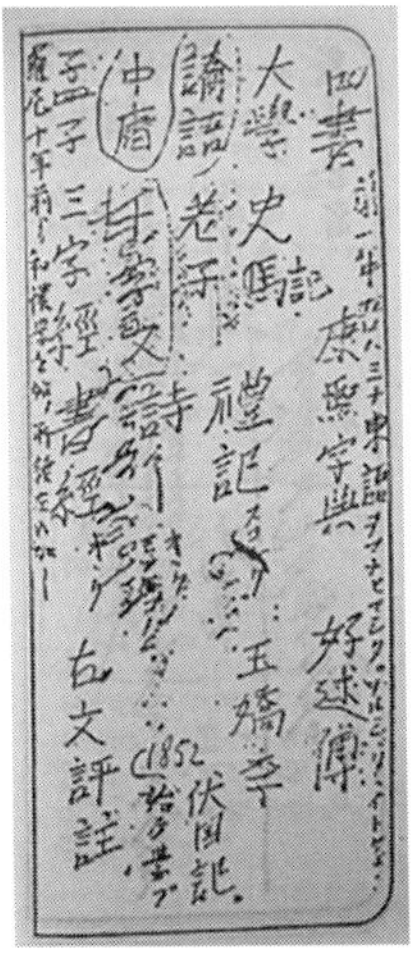

図１　ロニーの自筆とされるもの（福澤諭吉『西航手帳』文久二年）

一つ目は、めぐまれた環境である。豊かな東洋コレクションに囲まれ幼少期を送ったロニーは、言語の学習に強い意欲を持ち、東洋学の権威ジュリアンに見いだされ、日本語学習を勧められた。一〇代にすでに多くの論説や記事、複数の教科書や語彙集を刊行する能力に恵まれていた。

二つ目は、先人の遺産が保存され、一九世紀の東洋語学者がフランス語に訳していたことである。ロドリゲスの『日本語小文典』の仏訳版（一八二五）のほかにも、『日葡辞書』を仏訳した『日仏辞典』（一八六二〜一八六八）、ロニーと教授職を争った二〇歳年上のレオン・パジェスが仏訳した『聖フランシスとザビエル書簡』（一八五五）もあった。また、一八二八年に日本から帰国したシーボルトが膨大な日本コレクションをヨーロッパにもたらし、その翻訳、出版が始まっていた。前述の『書言字考』は、その一つであり江戸時代広く親しまれた『和漢音釈書言字考節用集』を翻刻解説したものであり、日本語文献の理解に、大きな助けになったと思われる。また、オランダ商館長クルチウスによる『日本文法試論』のフランス語訳（一八六一）など、ロニーは、フランス語に訳された最新の文献に触れることができたのである。

三つ目は、琉球に渡った宣教師との交信である。パリ外国宣教会から琉球に派遣されたカションら宣教師たちは、一八五〇年代に琉球語や中国語、日本語を学んだ。ロニーもほぼ同時期にパリで中国語や日本語を学び始めた。宣教師たちは日本語力を獲得すると、現地で得た知識や情報をフランスに送った。宣教師はある時は通訳、また、特派員、外交官、研究員などの役目を担い、フランスの新聞や雑誌に記事を送った。ロニーは現地の最新情報を彼らから私信でも受けとっていた。日本の開国前に、琉球を拠点に情報網を築き、日本語による情報収集力を有していたフランスは他国と比べ優位にあったが、彼らと個別にネットワークを築いていたロニーは大変有利な立場にあった。

フランス東洋学は、宣教師のもたらした遺産によるところが大きかった。中国学は、一七～一八世紀に在華イエズス会士がもたらした遺産に恵まれた。日本学は、一六世紀のイエズス会士の偉業とともに一九世紀に琉球に渡った宣教師が最新情報をもたらした。特に、一九世紀フランスの日本研究はフランスの養蚕業の立て直しと不可分な関係にあった。蚕の伝染病の蔓延に伴うフランス産蚕の絶滅の危機を乗り切るために、日本産蚕の緊急輸入に頼るといった経済上の逼迫した必要性の中で、対日関係が重要視され人的交流が活発化した時代であった。ロニーは、養蚕業の研究やパリを訪れる使節団の接待などを任され、フランスの産業上の最重要課題とも深く関わることとなった。こうして、ロニーは、学術雑誌のみならず新聞や一般雑誌にも多数の日本に関する記事を送り、フランスの日本観の創出に大きな役割を果たした。

二・三　パイオニアの功績と悲哀

一九世紀の西洋諸国は、植民地の拡大にともない、東洋の言語や地域情報を必要とし、各地で、東洋への学術的関心が高まりつつあった。ロニーは、東洋研究に取り組む研究者やコレクター、実務者らを一堂に会して国際会議を開催するという構想を持ち、これを一八七三年に実現した。ロニーは、パリで開催した国際東洋学者会議で、議長を務め、彼の主導により、一一の部会のうち八部会が日本に関連するテーマを占めた（図2）。彼が挙げた課題は、ローマ字による日本語書記法、日欧文明比較、日欧学問の比較、日欧学術交流であった。会員名簿には、日本を含む各大陸から約一〇〇〇名の会員の名前が並んだという。この東洋学者国際会議は、その後も定期的に開催され、一九七三年の二九回会議より、ヨーロッパ中心の名称を改め「国際アジア・北アフリカ人文科学会議」と変更し現在も続いている。この会議が当時のパリでどのように報じられていたのか、挿絵入り新聞「イリュストラシオン」の記事を紹介しよう。

国際東洋学者会議は一八七三年九月前半の一大ニュースだった。すべてのことが有益かつ迅速な人道的実践に結び付くことが求められる現代の傾向に答えて、会議はただちに重要な実利的成果をあげた。まず、出版を可能にする取り決め、すなわち、日本語の原文をローマ字でヨーロッパ式に書き換える際の、綴り字法の統一という重大な問題が解決したことにより、日本帝国が自発的にヨー

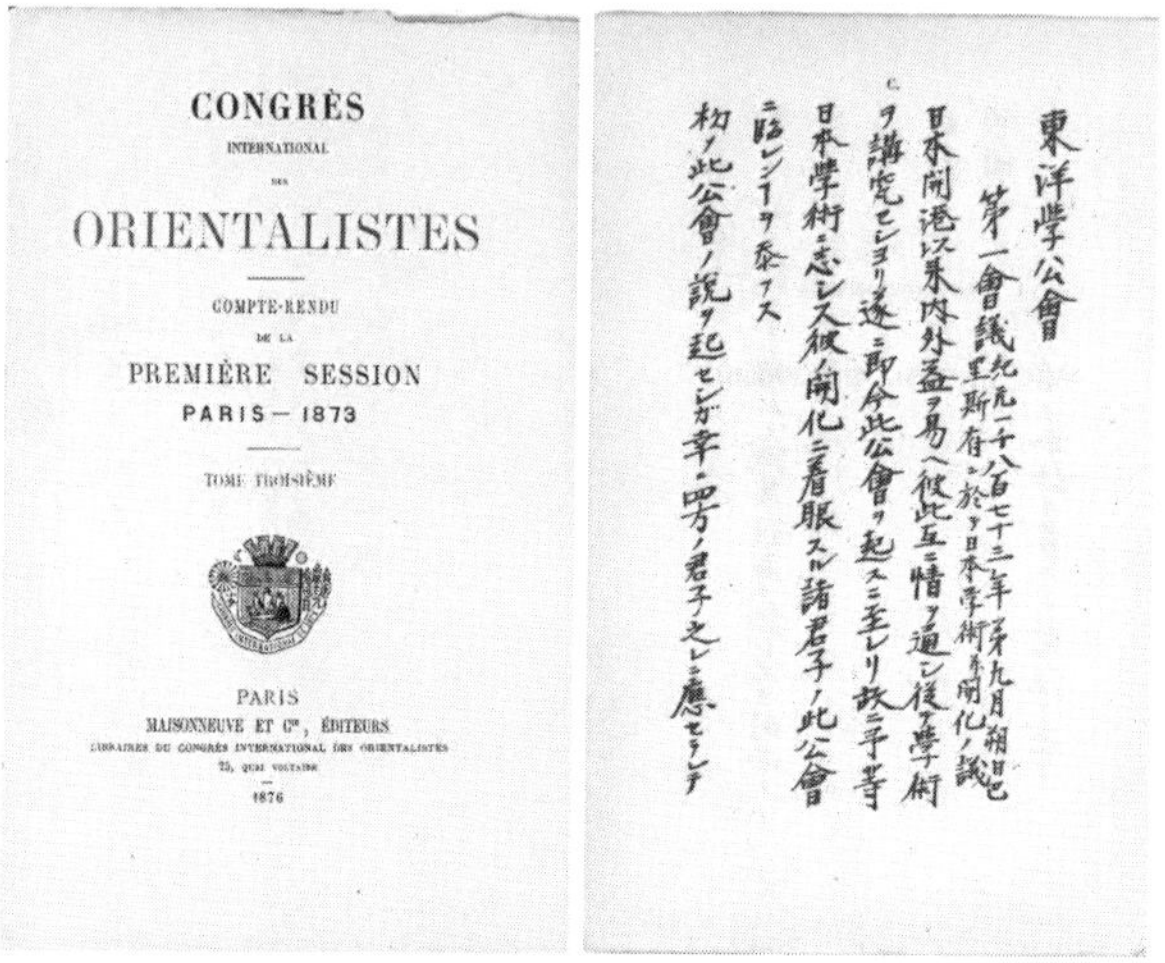

図２　『国際東洋学者会議報告書』表紙（1876年刊）と参加呼びかけ文
（日文研データベース）

ロッパ諸国と足並みをそろえられるようになったこと、養蚕業と絹糸・絹織物業のいくつもの切実な要望が理論的に検討され、実行に移されるようになったこと、そして最後に、外国文明の驚くべき産物の科学博覧会が産業館で行われたことである。これらの産物は讃嘆に値するものであるし、多くの点においてフランスが模倣する価値のあるものである。この第一回国際東洋学者会議の発起人、幹事、そして議長となったのが、東洋語学校の学識豊かな教授であるレオン・ド・ロニー氏である。この素晴らしい企ては、基本的にはロニー氏が個人的に音頭をとって実現したものであり、その成功は完璧なものだった。この学識者が、みずからの権威ある言葉で世界中の東洋学者に、重要な会議に参集して新しい時代を開こうと呼びかけ、それが豊に実を結んだのである。フランスならびに外国の報道関係者は好奇心と期待の眼差しで会議の成果を見守った。その第一印象はまったく好意的なものだった。

『フランスから見た幕末維新』朝比奈美知子（編訳）二〇〇四年

日本研究の視点とともに、この会議でロニーが演じた役割について報じられた。しかし、彼の国際的活動はこれにとどまらず、「日本・中国・タタール・インドシナ研究会」も同じ年に発足させるなど、活発な活動を展開した。ロニーは、こうして、通商関係で始まった日仏間の交流に、学術交流のきっかけをもたらしたのである。海外への門戸を開いたばかりの明治初期において、東洋学発祥の地であるフランスの日本学創始者として、ロニーが、世界の収集家や学者ら日本文化に関心のある人々に呼びかけ、世界規模のネットワークの中で日本について議論を始めていたことは、特筆に値しよう。

一八六七年ごろ、ロニーは、幕府に雇われるという話もあったが、老母を残して旅立つことの懸念から辞退し、その後も来日することはなかった。ロニーの研究対象は、書物の中の古き時代の日本であり、そこからの脱却は困難であった。明治の日本が急速な近代化を進め、西洋化をめざす中、彼が追い求めていた日本の姿が失われていくと、ロニーの関心は次第に薄れていき、中国思想や仏教研究に向かっていった。文献や辞書と格闘しながら読み解いた幕末の日本語は、社会の変化に抗えなかった。「侍が奉行の前に呼び出されました」「ここから江戸まで何里ありますか」など、独学で限られた文献から学んだ日本語の例文は、明治日本の実用日本語としては通用しなかった。しかし、この後、彼の弟子の中から日本語に通じ各地で活躍する者が現れる。イタリアの日本研究の創始者であるフィレンツェ大学のアンテルモ・セベリーニは、ロニーから日本語を学び日本文学を翻訳していた。また、日本の養蚕書を生産地に足を踏み入れて研究、仏訳し、明治政府のお雇い教師として東京外国語学校でフランス語を教えたピエール・ジョセフ・ムリエも、ロニーの最初の弟子であった。彼の教え子たちは各地で活躍したのである。

一八八三年、ロニーは、日本政府から勲四等旭日章の叙勲を受け、翌年には、レジオン・ド・ヌール・シュバリエ賞を授与された。フランス日本学の始祖レオン・ド・ロニーは、日仏両国から顕彰されるという栄誉を得たのである。

二・四　清朝内向けの満漢合璧本がヨーロッパで重用される

ロニーが発起人となった研究会に、一八七三年に創設された「日本・中国・タタール・インドシナ研究会」がある。この会の名称は一八八七年に「中国・日本・南洋学会」と変更されたが、当初は、フランスにおける東洋学の歴史的流れとは異なり、「日本」を冒頭に置いていた。これが、日本語教授としての意気込みからくるものであったのか、当時のフランスの関心を示すものなのだろうか。また、フランスでは、コレージュ・ド・フランスで「中国およびタタールの諸言語と文芸講座」という名称の講座が開設されていた。この講座は清朝滅亡後の一九一八年まで約一世紀の間続いたが、他国でも満州語の研究は行われていたのだろうか。満州語研究は、中国語学者だけでなく言語学者も取り組んだ。特に一九世紀の言語学は、言語間の親族関係を解明しようとする比較言語学や、世界の言語を集めて共通の特徴を探ろうとする言語類型論がさかんであり、言語サンプルが求められていた。満州語は、北方アジアの言語の同系関係を明らかにするために重要な研究対象の一つであった。

満州語の文法書は、レミュザの『タルタル諸語研究』（一八二〇）以降、フランスでも多数刊行された。パリで活躍したドイツ出身の東洋語学者ユリウス・クラプロートや、ドイツの言語学者フォン・デル・ガーベレンツも作成している。満州語の研究は、東洋学がさかんなペテルブルクや言語学の盛んなドイツでも行われていた。満州語文法だけではなく、歴史や民族文化について講義する言語学者もいたのである。

満漢合壁本は、一九世紀の中国学者にも活用されたが、それを生み出した清朝の翻訳事情について紹介したい。清朝においては、外来民族である満州族が円滑な統治を行うため、主要民族の言語を尊重した。基本的に満文・漢文・蒙古文による翻訳が行われ、朝廷内の翻訳組織も整備されていた。翻訳を専門とする組織には、満人、漢人、蒙古人の三民族がいて、主に国内で用いられる公用語間の翻訳を行った。特に、漢民族の持つ先進的な文化を取り入れるために、漢文からの翻訳は朝廷内で盛んに行われていた。漢文から満文への翻訳対象は、公文書類のほか、四書五経、史書、古典文学などあらゆる書籍を網羅していた。これは国家の統一と安定に不可欠な要素として、清朝の長い歴史のなかで途絶えることなく行われてきたという。

このように、満漢合壁本は、清朝が国家の安定をはかり漢民族の文化を取り入れることを目的に行われた翻訳事業の一部であったが、それが、思いもかけず、ヨーロッパに届けられ、一九世紀のヨーロッパの中国研究者にも大いに活用された。多数の辞書や語学書に恵まれた満州語は、言語学者にも研究対象として注目され、ヨーロッパで学ばれていったのである。

三　ヨーロッパ初の日本語学者、オランダに現れる

一八五五年、オランダのライデン大学に中国・日本語学科が開設された。ヨーロッパ初の日本語学科が誕生したのである。パリ東洋語学校より早い時期に、オランダに日本語学科が設置されたのはなぜか、日蘭関係をたどりながら、オランダの日本語研究と中国語研究の起源について紹介したい。

オランダといえば、江戸時代、二〇〇年以上におよび、対日貿易を行った西洋で唯一の国であった。バタヴィアに拠点を置くオランダ東インド会社は、支社を長崎に置き、長崎商館に社員を派遣した。日本は、年間わずかな人々しか足を踏み入れることのできない秘境であり、日本情報を直接入手できるのも彼らのみであった。中には、日本で大量の文物を収集し、ヨーロッパに持ち帰った人々もいた。こうして、ヨーロッパには大量の日本コレクションが蓄積されていたが、この整理には日本語の知識が必要であった。そんな中、オランダでヨーロッパの初代日本語学者が誕生し、初めての日本語講座が開講されたのである。この人物はどのようなきっかけで日本研究に取り組むことになったのだろうか。

ヨーロッパの初代日本語学者と称されるのは、ヨハン・ヨゼフ・ホフマン（一八〇五〜一八七八）であった。ドイツ生まれのホフマンは、ビュルツブルグ大学で文献学を学び、哲学博士号を取得した。卒業後劇場歌手となった彼は、ヨーロッパ各地を巡回中に、訪問先のアントワープで偶然にもある人物と出会った。それは、日本から帰国して間もないシーボルトであった。彼が語る極東の異国に興味を持ったことがきっかけで、東洋語学者への道を歩むことになったのである。ホフマンは、シーボルトの助手として、彼の膨大なコレクションを整理し、書籍の出版に協力することとなった。そのためには、言語

を学ぶ必要があった。まずは、ホフマンが日本語を学ぶきっかけとなったシーボルトの日本コレクションが形成された経緯から紹介したい。

三・一　シーボルトのミッション遂行とコレクションの形成

フィリップ・フォン・シーボルト（一七九六〜一八六六）といえば、オランダ商館付医務官として一八二三年に来日し、西洋医学を伝授したことや、国外持ち出し禁止の日本地図を持ち出そうとして「国外追放」の処分を受けたことで知られるが、そもそも彼のミッションは何だったのだろうか。

一九世紀初頭、フランス革命以降のヨーロッパは混乱の波に襲われ、オランダ本国は、フランスに併合された。オランダの海外領土である東インド（現在のインドネシア）は、一時期フランスと敵対するイギリスに占領されたが、オランダはこれを取り戻すと、民間のオランダ東インド会社ではなく、オランダ政府の直轄として植民地政庁を置いて支配するようになった。

ウィーン会議後、オランダは復活するも、経済が疲弊し国家財政の立て直しを喫緊の課題としていた。そこで期待されたのが海外領土であった。当時の東インド総督ファン・デレ・カペレンは、オランダ再建策の一つとして日蘭貿易の振興に注目した。カペレンは、日蘭貿易で成果をあげるためには、日本情報の体系的な収集が必要であると考えた。日本の国土や産物に関する調査計画の遂行には、日本で歓迎される医学の知識を持ち、学識豊かな人物が好ましいとの判断から、その条件を満たすシーボルトが抜擢されたのである。

シーボルトが総督から与えられた長崎での使命は、博物学的研究、すなわち、動植物や鉱物など自然科学の分野における収集を行い、東インドで栽培可能で有益な植物をバタヴィアに送ることであった。潤沢な調査費用を与えられたシーボルトは在任中これに専念しこの要求に応えた。一例をあげると、長崎から送った日本のお茶は、東インドでの栽培に成功して一八三三年には五〇万本もの茶の樹が生育し、オランダ植民地政庁の重要な輸出用産物となったという。

大量に収集した日本の動物の剥製や植物標本はオランダの博物館に収蔵された。また『日本動物誌』（一八三三～一八五〇）や『日本植物誌』（一八三五～一八七〇）として、日本の動植物がヨーロッパに紹介され、当分野の基本文献となった。しかし、シーボルトの関心は自然科学の分野にとどまらず、日本社会や文化のあらゆる分野に広がり、総合的、学術的な調査研究をめざすようになった。そのために、総合的、計画的に日本コレクションを収集し、その成果をヨーロッパで公開した。これは大著『日本』（一八三二～一八五二）などで公開され、ミュンヘンに日本博物館を開設する構想に結びついていった。

シーボルトの研究対象は、自然科学の分野を超え、『日本』に代表されるように、言語、文化、歴史等、人文系分野にも及んだ。彼が長崎から持ち出した多数の日本書を整理し、原文を読み解き、一連の出版活動に協力したのがホフマンであった。

三・二　ホフマンの日本語研究の方法と学者への道のり

ヨーロッパの日本語研究の始祖ホフマンはどのように日本語を学んだだろうか。シーボルトの持ち込んだ日本書を理解するためにホフマンが必要としたのは、日本語文献の理解であった。オランダには、バタヴィアでシーボルトに雇われた華僑の郭成章が移り住んでいた。ホフマンは、まず郭から中国語の手ほどきを受けた。また、当時のヨーロッパには中国語の文法書があった。フランスの中国学者レミュザの『中国語文法要綱』(一八二二)である。ホフマンは中国語を習得し、研究成果は、のちに『中国文典入門』(一八四六)『中国詩抄』(一八四八)として刊行した。

オランダに持ち込まれた日本書には語学書も含まれていた。シーボルトは日本に着任した翌年、「日本語要略」をまとめ、のちに『バタヴィア学芸協会誌』に発表していた。これは、日本語を紹介する概説文で通詞の協力によりまとめたものである。また、当時の日本には、日本人向けのオランダ語辞書が何冊かあった。そのうち、商館長ドゥーフが長崎で通詞の協力を得て作成した『ドゥーフハルマ(長崎ハルマ)』や蘭学書を理解するための『波留麻和解(江戸ハルマ)』や簡略版『訳鍵』(一七九六)、中津藩主奥平昌高の命で編纂された『蘭語訳撰』(一八一〇)など、複数のオランダ語辞書が長崎からオランダに渡っていた。

オランダに持ち込まれた日本書の中には、日本人向けの漢文教科書もあったが、これは、中国語の知識があれば、日本語の教材として使用することができた。ホフマンは中国語の知識をもとに日本人向けの漢文教科書を用いて日本語を学んでいった。オランダ語や漢文の知識を駆使し、日本人向けのオランダ語辞書や漢文教科書を逆から辿ることで日本語の語彙や文法を学び日本人を理解していったのである。こうしてほぼ独学で日本語を身につけたホフマンは、クルチウスの『日本語文典稿本』(一八五七)を増補改訂した。これは、最後のオランダ商館長ドンケル・クルチウス(一八一三〜一八七九)が長崎のオランダ通詞たちの協力を得てまとめた日本語文法の原稿に、ホフマンが注釈やコメントを付して、言語学者としての見解を加えたものである。さらに、ヨーロッパの東洋学者が日本語文献を読むために、江戸時代の漢語の読みなどを記した『和漢音釈書言字考節用集』を翻刻、解説した。これは、フランスのロニーが、日本語の独学に用いた書である。

ヨーロッパの日本語学の始祖は、シーボルトの学術活動の必要性から誕生したのである。ところが、シーボルトの助手としての任務を離れると、東洋語の研究者として生計を立てることは極めて困難であった。シーボルトは、かねてからオランダに東アジアの研究機関を設置する必要性を痛感し、一八四四年に、オランダ国王ウィレム二世に働きかけ、中国、日本、北アジアの言語を教える教授職をライデン大学に設けるよう進言していた。この話は、進展を見ることはなかったが、ある転機が訪れた。

フランスの中国学者ジュリアンは、一八四六年、ロンドンのストーントン卿から、ロンドンの王立大学に中国語講座を設置する予定であると知らされた。そこで、講座担当教授にふさわしいヨーロッパの全学者の名前を挙げてほしいとの依頼を受け、次のような返信をした。

ただの通訳官でなく、古文で記載されている学術的書物まで翻訳する能力を有する学者をも育成することを望んでおられるのでしたら、一人の人物を推薦しようと思います。彼は、群を抜き、卓越して学術的中国語を身に着け、日本の言語を能くするヨーロッパでただ一人の学者です。ライデンのホフマン博士であります。

フランツ・バビンガー「ホフマン伝（2）」古田啓（訳）一九七五年

ホフマンがイギリスに招かれるという話は、彼の友人であるエジプト学者の耳に入った。この友人は、ホフマンという稀有な東洋学者がオランダから転出することがいかに大きな損失であるか、オランダの植民大臣に通告したのである。こうして、ホフマンのイギリス行きは阻止され、一八四六年、オランダ東インド総督府の日本語・中国語翻訳官に任命されたのである。

イギリスはアヘン戦争後、香港島を割譲され、中国本土に多くの利権を獲得していた。一方、オランダが支配するバタヴィアにも三〇万人にものぼる中国人が居住していた。イギリスにとってもオランダにとっても、海外領土の経営に中国語や中国事情に精通した官吏の育成は急務だったのである。

その後、東インド総督府中国語・日本語翻訳官の時代をへて、ライデン大学に日本語・中国語学科の教授として迎えられたのは、ホフマンが五〇歳を迎えた一八五五年であった。これは、一八五四年日米和親条約が締結された翌年のことである。講座開設の翌年の一八五六年に、オランダは日蘭和親条約を締結し、幕府と新たな関係を築いていくことになった。

三・三　ホフマンの教育順序は中国語から日本語へ

ホフマンは、ヨーロッパ初の日本語教授として東アジアの言語教育をどのように計画していたのだろうか。

日本語翻訳官に任命されてから、私（ホフマン）は日本語の学術的研究を促進するために、まず中国語を学ぶ青年たちの指導教育に主眼を置いた。（…）私の弟子、クロケルスとデ＝グレイスのうち、一人は中国に、一人はジャワに旅立った。私はデ＝グレイスが満州語の知識を身につけ、中国関係の学問分野で、とくに政治交流において、多大の影響を及ぼすことを期待している。中国との絆を通してまずこれらの言語を学ぶことになるであろう。それが上達してから、彼が日本語の勉強に戻ることを大いに期待している。私のもう一人の弟子、すでに何年も中国語を専攻してきたシュレーゲル青年は、才能に恵まれ、格段の進歩を見せているが、中国語の勉強に支障がない場合、私の直接な指導の下に日本語学に転学することになっている。

フォス美弥子「幕末期のオランダ語・日本語事情Ⅰ」一九九七年

中国語を学んでから日本語を学ぶという学習の順序は、ホフマン自身の経験でもあった。ホフマンのこの方針は、イギリス外交官にも影響を与え、日本へ赴任するイギリス公使館の日本語見習い研修生たちは、日本に赴任する前に、まず、中国に渡り中国語や漢字を学んだのである。

ではホフマンのいう日本語学、学ぶべき日本語とはどのようなものだったのだろうか。代表作『日本語文典』（一八六七）の冒頭の「緒論」から紹介したい。まず「緒論」の冒頭で、日本語研究と中国語研究の一体化について次のように述べる。

日本語を学ぶにあたって、同時に支那語を勉強しなくても、日本語を知ることができるであろうと思う者は誰でも、学理的にも、また実際的にも、必ずその目的を達せずに終わるであろう。たとい、日本人と流暢に話すことができる程に日本語の話し言葉に上達することができても、日本の役

漢　文

1　日本語訳の完全なるものを持てるもの

○大《ダイ》學《ガク》之《ノ》道《ミチハ》。在《アリ》明《アキラカニスルニ》明《メイ》德《トクヲ》。在《アリ》親《アラタニスルニ》民《タミヲ》。
在《アリ》止《トドマルニ》於至《シ》善《センニ》。知《シリテ》止《トドマルヿヲ》而《シカウメ》后《ノチ》有《アリ》定《サダマルヿ》。
定《サダマリテ》而《シカウメ》后《ノチ》能《ヨク》靜《シズカナリ》。靜《シズカニメ》而《シカウメ》后《ノチ》能《ヨク》安《ヤスシ》。
安《ヤスウメ》而《シカウメ》后《ノチ》能《ヨク》慮《オモンバカル》。慮《オモンバカリテ》而《シカウシテ》后《ノチ》能《ヨク》得《ウ》。

2　日本語訳の断片的なものを持てるもの

○大學之道。在明《ニスルニ》明德《ヲ》。在親《スルニ》民《ヲ》。
在止《ルニ》於至善。知《テ》止《リヲ》而后有定《ル》。
定《テ》而后能《ク》靜《カ》。靜《ニメ》而后能安《シ》。
安《フメ》而后能慮《ル》。慮《テ》而后能得。

図3　「日本語訳のついた漢籍」（J.J. ホフマン『日本語文典』1867）

人からの簡単な通知、茶舗の定価表、絹商人や木綿商人がその荷物に貼るレッテルなどは十分理解できないであろう。

ホフマン『日本語文典』三沢光博（訳）一九六八年

これは、単に漢字学習のことを言っているのではない。これを確認するために、「緒論」の「書き言葉または書物の言葉」の項を見てみよう。

・漢文…漢文専門、日本語訳のついた漢籍
・日本語で書かれた書物
・文体…古代日本語、新しい日本語

の三項目について解説しているが、そのうち「日本語訳のついた漢籍」では、

漢籍の中には、その傍らに日本語の完訳を持った書物がある。また、ある書物では、日本語訳が不

9. 貴《キ》, *Ki*, 高貴な, 尊敬すべき。真正な漢語の複合語における „君"。次の通りである。

貴《キ》國《コク》, *Ki-kókŭ*, 君の国。
貴《キ》府《フ》, *Ki-fu*, 君の町。
貴《キ》縣《ケン》, *Ki-ken*, 君の地方。
貴《キ》郡《グン》, *Ki-gun*, 君の郡。
貴《キ》所《シヨ》, *Ki-sĭyo*, *ki-so*, 君の場所, 閣下。
貴《キ》宅《タク》, *Ki-tákŭ*, 君の家。
貴《キ》顔《ガン》, *Ki-gan*, 君の顔。
貴《キ》面《メン》, *Ki-men*, 君の顔つき。
貴《キ》覽《ラン》, *Ki-ran*, 君の一見。
貴《キ》翰《カン》, *Ki-kan*, 君の鉛筆。ペン。
貴《キ》札《ザツ》, *Ki-zat*, 君の手紙。
貴《キ》書《シヨ》, *Ki-sĭyo*, *Ki-so*, 君の文書。
貴《キ》命《メイ》, *Ki-mei*, 君の命令。

貴《キ》意《イ》, *Ki-i*, 君の意志。
貴《キ》慮《リヨ》, *Ki-riyo*, 君の世話。
貴《キ》報《ハウ。ホウ》, *Ki-fạu*, *Ki-foo*, 君の返事。
貴《キ》答《タフ》, *Ki-too*, 君の返事。
貴《キ》公《コウ》, *Ki-koo*, *Ki-koo-sama*, 閣下, 貴下。
貴《キ》殿《デン》, *Ki-den*, 閣下。*Ki-den sama*
貴《キ》邊《ヘン》, *Ki-fen*, *Ki-hen*, 君の方, 閣下, *Ki-fen-sama.*
貴《キ》方《ハウ》, *Ki-fạu*, *Ki-hoo*, 君の方。*Ki-foo sama.*
貴《キ》様《サマ》, *Ki-sama*, 貴下。

図4 「貴」を含む複合語リスト（J.J. ホフマン『日本語文典』1867）

完全で、ただ、ところどころに、一語、または片言を説明しているに過ぎないものもある。

ホフマン（前掲書）

と述べ、（図3）のように、訓点とともに読みを付した漢文（左）と、訓点や読みが不完全な漢文（右）を対比させ、漢字の脇にフリガナの付いた漢文を完全な日本語訳文と紹介しているのである。

また、「文体」の項の「新しい日本語」とは、外交文書や条約の文体のことで、その特徴は漢語の強力なる混淆にあり、漢語が力を持った背景を次のように解説している。

この文体は日本人の世論より起こり、本来の大衆語に勝り、その表現に威厳があり、簡潔で、力があるという点から、この社会の教養ある者の階級のほとんど専有物のようになってしまった。そして、外国の要素を、ある時は多く、ある時は少なく取り入れて書物の言葉となった。

語彙については、漢字の字義に注目し、一つ一つの単語に意味を付している。一例をあげると、「貴」の意味は「高貴な、尊敬すべき」とし、「真正な漢語の複合語における〝君〟」と説明している。すなわち、紹介している語彙はすべて漢語であり、中国語の意味「君」を添えていることから、読者に中国語の知識があることを前提としているのである（図4）。

文献の読解をめざすホフマンの日本語研究は、漢文に訓点を付けた漢文訓読文や漢文書き下し文の理解を目的とした。すなわち、中国語の知識のあるホフマンや中国学者にとって、当時の漢文を基調とした日本語文の理解は、今日想像するほど困難ではなかったであろう。こうした点から見れば、「緒論」の冒頭で、中国語研究と日本語研究の一体化に関する主張も、文献を理解することが目的であれば、十分に納得できるのである。津田真道らオランダ留学生の協力のもと作成された『日本語文典』は、当時の西洋人に高く評価され、広く読まれた。と同時に、この詳細な日本語文語文に関する情報は、中国語の知識のある西洋人には、日本語が学びやすいものとして認識されたに違いない。

三・四　シーボルトの日本コレクションの中のアイヌ語・満州語文献

ヨーロッパ初の日本語学者誕生に深くかかわったシーボルトの言語への関心についても触れておこう。まず、彼が中国語や満州語に関する知識をどれほど有していたのかを示す記録は見当たらないが、収集品リストを見ると、少なくとも、満州語や北方言語に強い関心があったことがうかがえる。彼のコレクションは、よく整理され、部門ごとに分けられているが、その部門の一つに比較民族学という部門がある。ここでは、アイヌ民族文化、千島、琉球、朝鮮などの言語や風俗に関する文物を収蔵し、日本だけでなく、近隣地域特に北アジアに関心を持っていたことがうかがえる。彼の関心を示すものの一つに、最上徳内と共同で編纂したアイヌ語辞書がある。最上徳内は、北方探検家で医学や数学、地理学に秀で、択捉島に「大日本択捉」の碑を建てたことでも知られているが、アイヌ語にも通じていた。シーボルトの著書『日本』には、最上徳内の肖像画を掲載し、「我が旧知の友徳内」と紹介している。また、『日本』には、間宮林蔵の『東韃地方紀行』(一八一〇)の翻訳が紹介されている。これは、間宮が、樺太が半島ではなく島であることを発見したときの調査探検の記録である。シーボルトは、間宮の地理学的業績を称賛し、大陸と樺太の間の海峡を「間宮の瀬戸」と名付けた。間宮林蔵は、世界地図に名を残すただ一人の日本人といわれている。

さて、代表作の一つ『日本』は大部のもので川原慶賀の原画などを含み、印刷・出版には相当の予算が必要であった。資金を得るため、彼はヨーロッパ各地に出かけて購入してくれそうな図書館を訪問し、日本研究の必要性を説いた。最初に訪ねたのが、ロシアのサンクトペテルブルクとモスクワで、ロシアの遣日使節団としてレザノフと長崎にやってきたクルーゼンシュテルンと面談し、間宮の「発見」や地図について意見交換をしたという。また、シーボルトはコレクションを各地で売却、寄贈している。ウィーン帝室図書館には日本の書物六〇巻を売却、寄贈した。ウィーンの東洋語学者で『万葉集』や『古事記』の翻訳でも知られるアウグスト・プフィッツマイヤー(一八〇八〜一八八七)は、シーボルトのコレクションの一部をドイツ語に訳した。その一つに、アイヌ語辞典『蝦夷方言藻汐草』(一八〇四、上原熊次郎）があるが、プフィッツマイヤーは、アイヌ語も研究し『ドイツ語・アイヌ語字典』を作成した。

シーボルトの一八二四年と一八二五年の収集品リスト（東インド植民地総督宛て書簡の付録）には、日本語辞書に加え、アイヌ語、琉球語、朝鮮語、満州語の文法書や語彙集も含まれている。着任の翌年にこれだけの収集を完了しているところから、彼はオランダ東インド会社から与えられたミッションとともに、個人的な関心についても綿密な計画のもとに収集をすすめていたことが推測される。彼の関心については、植民地総督宛て書簡の中に次のように記されている。

私は日本人の起源に関し、知る限りのすべての著述家を詳細に参照し、また私の非常に有能な日本語教師で門弟の（美馬）順三の助力を得て、日本書記の忠実な翻訳を（…）送りました。この地域のいろいろな言語、すなわち古今の日本語、中国語、蝦夷（アイヌ）語、タルタル語、満州語、朝鮮語の諸言語から構築された比較語彙論、つまり新説のいっぱいつまったこの日本人起源論は確実にヨーロッパ人学者の目を引きつけるでしょう。

（一八二四年一一月二六日付）

シーボルト『シーボルトの日本報告』二〇〇九年

この比較語彙論と民族起源への関心は、一八三二年に「日本の人々の起源についての考察」と題して中国語、朝鮮語、満州語、アイヌ語などの比較語彙表を添えて『バタヴィア学芸協会誌』一三号に掲載された。一方、満州語に対する学術的関心は、次のようなものであった。

言語は、私の日本滞在中にとくに努力した部門ですが、それは会話をするためではなく、私の学術調査に大事だと思われる日本語の構造・発音・語順・さまざまな字体に通じるためです（…）さらに私は以下のことを認識することが重要であると確信します。すなわち現在まで独自のものと考えられてきた日本語はアジアの諸語の中で唯一の言語ではなく、マンシュウ＝タルタル語と多くの一致点を持つと。そしてこの説明は日本語がたしかに他の言語といくつかの一致点を有するだろうとするフォン・フンボルトのような学者の見解を確認するものです。日本語、琉球語、朝鮮語を調査するこのような試みは必然的に重要な日本書籍の収集を必要としました。

（一八二五年一二月二日）
シーボルト（前掲書）

シーボルトの満州語に対する関心は漢籍を読み解くための手段ではなかった。日本語や北方アジアの諸言語の系統を明らかにする比較言語学や民族起源論に導くための一サンプルとしての関心であった。帰国後七年目の一八三二年に、代表作『日本』の刊行をはじめたが、その序文の冒頭に、目的が明記されているので紹介しよう。

オランダ領東インド政府の絶大な指示や、数多くの日本の学者・有力者たちのまれにみる好意を受けて、日本国とその隣接する諸国をよりよく知るために、自然科学や地理学・民族学の諸領域での広範な資料や多種多様な文献を集めることができた。（…）日本の地理学・民族学の領域で、私がなしえた考察は数多い。また、日本の友人たちが私の手もとに届けてくれた芸術・学問上の貢献は内容に富み、新奇に満ちたものであった。そして今、日本の書籍・文書・書画・骨董・貨幣・陶器・模型・芸術作品など、日本・蝦夷・樺太・朝鮮・琉球諸島の地理・民族学に関する優れたコレクションがここにある。

シーボルト『日本』第一巻　中井晶夫（訳）一九七七年

最後に、シーボルトの膨大な日本コレクションの中から、実用書として注目された日本書を一冊紹介したい。一九世紀のヨーロッパには、植民地から珍しい動植物が集まり、王侯貴族の間で博物趣味が流行した。パリには、帝国動物馴化学会（一八五四）が設置され、農業や漁業の振興や、別の植民地に移入を図ることなどを目的に、世界各地の動植物を対象とした研究が行われていた。こうした関心が高まる中、シーボルトがヨーロッパに持ち帰った書籍の中に、養蚕書『養蚕秘録』（一八〇三、上垣守国著）があった。これは、ホフマンによって一八四八年にフランス語に訳された（図5）。フランスの養蚕地リヨンの農学者がホフマンに依頼したのである。一八五〇年代から六〇年代にかけ、蚕の微粒子病がヨーロッパに蔓延し養蚕業が大きな打撃を受けたさい、日本産蚕が救世主となってヨーロッパで育てられることになったのであるが、ホフマンの日本語力は、ヨーロッパに発生した危機への対応に活かすことができたのである。

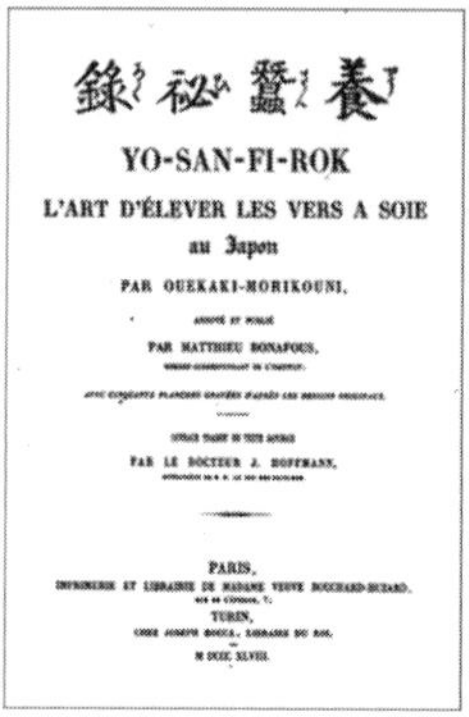

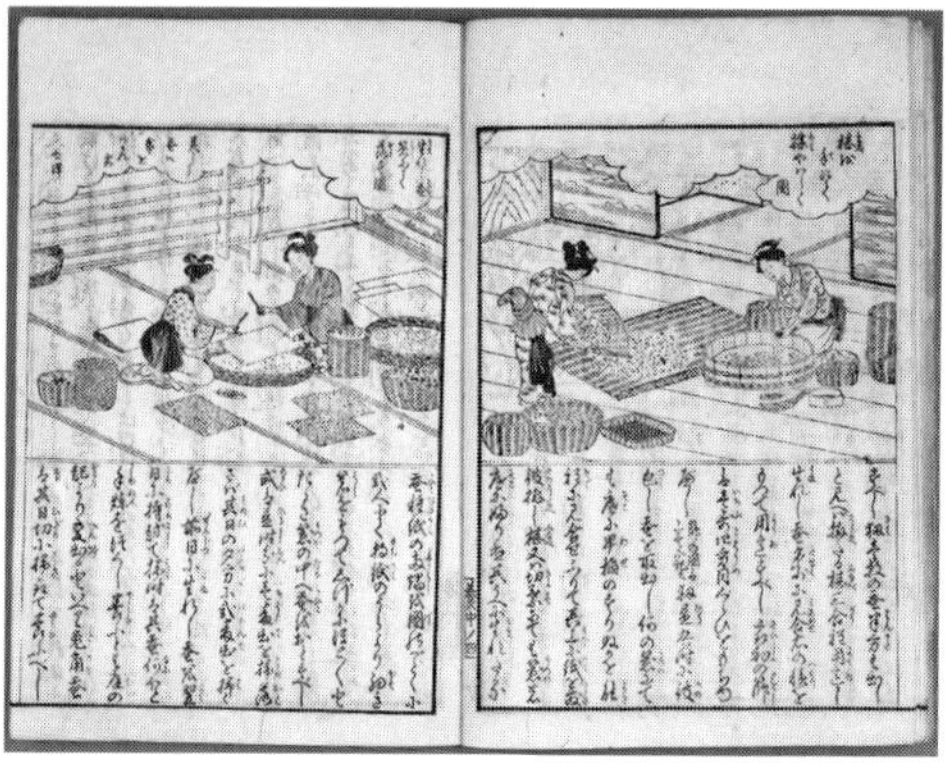

図５　『養蚕秘録』ホフマン訳フランス語版表紙（左）と内容（右）
（『青い目の養蚕秘録』大日本蚕糸会、1992）

三・五　オランダは日本人にとって、第二の故郷!?

ヨーロッパ初の日本学教授が誕生したのはオランダであったが、幕府派遣の日本人留学生をいち早く受け入れたのもオランダであった。ペリーの砲艦外交を経験し、軍事力の必要性を痛感した幕府は、オランダに軍艦を発注し日本人留学生を派遣した。また、幕末の文久使節団も岩倉使節団もオランダに立ち寄っている。日本人訪問者にとって、オランダはヨーロッパの他のどの国よりも特別な国であったようである。福沢諭吉は、次のように回想している。

> 各国巡回中、待遇の最も濃やかなるはオランダの右に出るものはない。これは三百年来特別の関係でそうなければならぬ。ことに私をはじめ同行中に横文字を読む人で蘭文を知らぬ者はないから、文書言語でいえば、ヨーロッパ中第二の故郷に帰ったような訳けで、自然に居心がいい。
>
> 福沢諭吉『新訂　福翁自伝』一九七八年

図６　文久年間和蘭留学生一行の写真（国立国会図書館デジタルコレクション）

ホフマンは文久使節団（一八六二）や幕府派遣の留学生（一八六三〜一八六八）の通訳や案内係として彼らの世話をした（図６）。使節団が到着すると、会場入り口には「よく御出」「和蘭京ヨリ日本尊客ノ為メニ恭建之」などと日本文字で看板を出し歓迎した。団員の日記には、「漢籍ヲ学ヒマタ頗ル日本語ヲ解ス依テ筆談及一二説話ス」などと、ホフマンの日本語の読み書き能力に驚いた様子が記されている。「第二の故郷」という印象は、親身に彼らを世話したホフマンとの交流によるところもあったのではないだろうか。

最後に、この使節団に対するオランダ側の印象を紹介しよう。以下は、日本関係の著書のあるＲ・Ｐ・Ｒ・ファン＝レースの記録である。

> 老市民たちは、日本人のハーグ入都式をよく覚えているに違いない。（…）彼らが刀を差していたにもかかわらず、私たち少年の目に、日本人が女たちだと見て取った。（…）長いローブを羽織り、顎鬚も

口髭もつけず、髪を頭の天辺に結い上げ、扇子を使っていたからである。(…)少年たちは暇があると、日本人が泊まっているホテルに出かけて行って、(…)「日本人万歳」と大声で歌った。彼らの多くがオランダ語を解し、私たちの歓迎を喜んだ。ほほえみを浮かべて窓の外に現れ、さまざまな日本の小間物を群衆に投げ与えた。私たちは大喜びでそれらを掴み、勇んで家路についた。その頃、だれもが「日本人」と口にしていた。

フォス美弥子(前掲書)

四　日本研究者の「中国語」と中国研究者の「日本語」

四・一　オランダ型 VS. フランス型

一九世紀のフランスとオランダに誕生した二人の初代日本語研究者にはいくつかの共通点があった。

- レミュザらの中国語文法書が利用できたこと
- 中国語を習得してから日本語の研究に着手したこと
- 日本文献の読解能力を有していたこと
- 日本語の文法書や学習書を著したこと
- 来日経験はなく、当地では日本からの留学生と交流があったが、日本語は独学で学んだこと一方で、フランス、オランダという国には、若干の相違点があった。ホフマンは、植民大臣宛て建言書で次のように述べている。

オランダで日本語学と日本文学が計画的に学ばれるようになったのは、（…）学問に必要な参考資料を日本で見つけ、学問と芸術のあらゆる分野の日本文献を精選し、その収集を携えて帰蘭したシーボルト氏の功績に帰すことができる。この理由で、私は、フォン＝シーボルト準男爵を当地に日本語と日本文学を実地に植え付けた始祖とみなしている。（…）私にとって、著名な旅行者との学問的交流は、日本に関する幅広い知識を吸収することができる学校であった。私はすでに当初からこの日本原典の宝庫を学問的に貢献させるために、日本語を専攻する決意を抱いた。フォン＝シーボルト準男爵はそのための参考資料を私の自由に任せてくれた。このような事情からでも、彼は当地に日本語学を創始した人物とみなされるべきである。

［傍点筆者］

フォス美弥子（前掲書）

オランダの日本語研究は、シーボルトという来日経験者のもとで、彼の膨大な日本コレクションに囲まれて行われた。ホフマン自身来日経験はなかったが、「著名な旅行者」、幕府の留学生として海軍技術や社会科学を学ぶ津田真道や西周らとは深い親交を持った。留学生たちは、一八六三年から六八年まで断続的に滞在したが、彼らとの交流を「学校」と呼び、ホフマンの著書に津田らが序を寄せるなど、ホフマンの日本語研究への彼らの協力は大きかった。留学生が滞在した一八六〇年代後半といえば、彼が六〇歳に差しかかろうとする時期である。若い留学生たちは、碩学ホフマンに敬意を払い、彼の日本研究に協力を惜しまなかったに違いない。また、彼は、『日本語文典』の中で、執筆まで二年以上にわたる日本人留学生との交際経験があったこと、そして、「学問のある日本人の紳士」からの詳細な報告内容を本書で紹介していると記している。このことから、ホフマンの『日本語文典』は、留学生たちの言語観が色濃く反映されたものであったことは間違いない。

ホフマンは、彼の助けを切実に必要とするシーボルトのような師を持ち、日本人留学生の熱意ある協力を得ることもでき、文献にも恵まれた。一方、ロニーは、東洋の文献の豊富なフランスで東洋学の碩学と学術交流の機会を有し、中国語学の泰斗ジュリアンやパザンから中国語を伝授されたが、日本語についいては独学であった。時代の大きな転換期に、パリ東洋語学校にはロニーの助手として日本人留学生もかなりいたが、彼らがロニーの研究にどれほど影響を与えたのかは不明である。やはり、オランダに東アジア研究を根付かせたいという強い想いを持つシーボルトの存在と、二百年以上に及ぶ日蘭交流の蓄積は大きかった。

二人の環境にはこうした相違点はあったが、二人とも来日経験はないという点では共通する。ここで、ホフマンやロニーのようなタイプを「本国育成型」日本研究者と呼ぶとしたら、ホフマンが師と仰ぐシーボルトは「現地育成型」研究者と呼ぶことができよう。さらにイギリスに目を転ずれば、イギリスの東洋学者は後者の代表である。イギリスでは現地での実地経験のある者が本国に戻り大学で職を得る者が多かった。第三章で見たように、一九世紀のイギリスでは、ジェームズ・レッグ（オックスフォード大学）やトーマス・ウェード（ケンブリッジ大学）ら中国滞在経験ある宣教師や外交官が大学に迎えられた。日本研究に関しては、日英同盟の締結（一九〇二）をピークに講座が開講され、フレデリック・ディキンズ（ブリストル大学）、ジョセフ・ロングフォード（ロンドン大学キングスカレッジ）、ジョン・ガビンス（オックスフォード大学）らが日本語や日本史などを教えた。いずれも、日本滞在経験のある外交官たちであり、「現地育成型」研究者であった。草創期の東洋学者のタイプと講座展開の経緯には当時の各国の対外関係が反映されている。

このほか、イギリスには、『源氏物語』を完訳したことで知られるアーサー・ウェーリーがいる。彼は中国学者であったが、大英博物館の学芸員を務めながら、独学で古典日本語を学び、一九二五年から八年の年月をかけて、『源氏物語』の英語による初めての全訳を完成させた。この偉業を成し遂げたウェーリーは、「本国育成型」の在野の研究者であった。

こうした現地組が本国で学問を担うようになると、創始者たちが必要としたように、漢籍を解読するための満州語や、日本語文語文を解釈するための中国語の知識の重要性は、次第に薄れていくのである。その後、西洋と日本や中国の間で、サブチャンネルの在り方が一転する時期があった。

四・二　西洋の東洋学者が求めるサブチャンネルは、中国語から日本語へ？

漢字を根幹とする未知の言語を学び翻訳するというのは西洋の人々にとって気の遠くなるような作業であったが、これに取り組んだ人々がいた。その作業の一助となったのが、別の言語というサブチャンネルの利用であった。翻訳という膨大なエネルギーを要する作業に、サブチャンネルを使ってまで取り組むのは、その文献に価値や必要性を認められるからであった。本書では一九世紀までの状況を紹介してきたが、二〇世紀にはこれまでと異なる現象がおこっていた。西洋の中国研究者が、日本語で発信された中国研究の成果に注目するようになったのである。

一九世紀のヨーロッパでは中国語の知識が日本語文を理解するための手段とみなされていた時代があったが、二〇世紀には中国研究のために日本語の知識が求められるという新たな現象が起きた。日本の中国研究の歴史は、西洋諸国よりはるかに長い歴史を持つが、主として、漢学、中国の古典をはじめ知の産物を対象とした研究であった。一方、戦間期にはこれとは異なる目的で中国での調査研究が行われ、成果が蓄積された。それは、日本が国策で現地に研究機関を設置してすすめた調査研究の成果であり、そのほとんどが、日本国内において日本語で発表されていた。西洋の中国学者がこれに気付いたのは、戦後のことであった。欧米の図書館や研究所が、日本語による中国研究書を収集するようになると、今度は、西洋の中国学者が、日本語で発表された中国研究の成果を理解するために、日本語の知識を必要とし日本語を学ぶようになったのである。

これは、一九世紀のヨーロッパで日本研究に中国語が果たした役割とは質的に異なる。当時は、中国語で蓄積された日本研究の成果を得るために中国語を利用したのではなかった。一方、二〇世紀半ば以降の西洋の中国学者は、日本語で蓄積された中国研究の成果を必要としたのである。このように、各言語で発信された内容が言語を超えて翻訳され共有する必要性は、今後も絶えることはないだろう。

現代が当時と異なる点がある。それは、ＡＩの発達により各言語の翻訳ツールが急速に発達してきたことである。スマートフォンをかざすだけで文章の意味が分かるし、言いたいことを話しかければ外国語に訳してくれる。今後、さらに、対応する言語の数が増え、翻訳の精度が高まれば、個人が外国語力を身につけようという動機は薄らいでいくかもしれない。この恩恵に浴することができるのは、大変ありがたいのは言うまでもない。しかし、外国語の学習で得られるものの一つに、言語学習を通じて味わう異言語や異文化に遭遇する感動がある。特に草創期の人々は苦労も多い分、感動も大きかったに違いない。当時の人々の未知の外国語文献を理解するための努力や工夫、知識や経験を総動員し、サブチャンネルを見い出して読み解いた時の感激、異言語や異文化への想いがいかなるものであったか、想像すら及ばない日が来るかもしれない。その想像力が失われないうちに、未知の言語で紡ぎ出された知に出会う興奮や楽しみ、そして、その歴史を未来につないでいきたいと思う。

おわりに

本書は、日本語教育の歴史に関する概論書ではなく、日本語教育に携わり、その歴史に取り組む中でかねてより気になっていたことを筆の勢いに託して綴ったものである。

日本語教育という、異なる価値観が交錯する中では、疑問や驚きに立ち止まることがしばしばあった。そのひとつが、かつての赴任先である海外の大学の東アジア学科でのことである。そこでは、日本語、中国語、韓国語という三言語が必修科目だった。異なる表記体系や言語文化を持つ三言語の学習に取り組む姿には驚くとともに頭が下がった。また、欧州の東洋語研究所や、アジア・アフリカ言語センターの言語メニューの多さ、特に、日本ではほとんど知られていない言語も多数用意され、東アジアの言語として満州語も並んでいるのには驚いた。地理的に近く歴史的関係も深い日本ならともかく、なぜ、ヨーロッパの大学に設置されているのかと疑問がよぎった。一方、国内では明治初期から多くの翻訳書が刊行されたが、その基礎となる辞書編纂者として、漢文に精通した人物が適任だという考えがあった。なぜ、西洋語の翻訳に漢文の知識が必要なのかと不思議に思ったことがあった。こうした当時の驚きや疑問は、サブチャンネルという視点を持つことで少しずつ解きほぐれていき、本書の構想につながっていった。

先人の外国語学習の歴史をたどる中で、日本語学習者が語る母語や文字の話もしばしば思い出された。「自分の国は七つの異なる国に支配されてきたため、自国の歴史を知るには、支配国が記した記録を読むためにもその言語を知らなければならない」「文字改革により、かつての文字で書かれた自国の文学や歴史は、その文字を知る専門家以外は知ることができない」など、現在の言語も文字も歴史に大きく規定され、先人の知恵や文化の継承が困難になってしまった例があまりに多いという現実をあらためて知ることとなった。

日本語についていえば、学校教育では国語として、現代文、古文、漢文という科目が用意され、何百年前も昔の日本語の姿を知る機会も、先人の作品に触れる機会もある。さらに、一千年以上も前の文学作品が現代日本語のみでなく外国語にも訳され、現代人がその内容を深く知ることができる。こうした状況は、世界各地の言語の状況を見ても、決して当たり前のことではない。奇跡ともいえるこの現実があったからこそ、一六世紀の日本語にさかのぼる本書も誕生したのだとあらためて思い知らされる。

本書が扱った言語学習の歴史は、四百年余りに過ぎないが、これからの数百年間、言語学習はどのように展開するのだろうか。何百年も生き続ける言語もあれば、人々が移動する中で新しい言語が生まれるかもしれない。そのころ、言語はどのような方法で学ばれるのだろうか。そこには、きっと先人とは異なる知恵や方策が生まれるにちがいない。それはどのようなものだろうか、関心は尽きない。

今回も、多くの先学に導かれ、魅惑の世界にいざなわれた。先学には心より敬意を表したい。また、知人・友人との語らいにも啓発された。夫小川長樹の支えや助言には感謝の言葉しかない。ここに私的な謝意を伝えることをお許しいただきたい。最後に、ひつじ書房の房主松本功さん、編集担当の海老澤絵莉さんには深甚なる感謝を申し上げる。

二〇二二年一二月

著者

参考文献

■第一章
石田千尋（一九九六）「キリシタン世紀と日本仏教の変容」『鶴見大学佛教文化研究所紀要』一号、鶴見大学
宇野有介（二〇〇五）「イエズス化宣教師たちと日本語―ザビエル来日から一五六〇年代までを中心に」『二松学舎大学人文論叢』七四号、二松学舎大学
岸野久（一九九八）『ザビエルと日本―キリシタン開教期の研究』吉川弘文館
フランシスコ・デ・サビエル（一九四九）『聖フランシスコ・デ・サビエル書翰抄　上・下巻』ペトロ・アルーペ、井上郁二（訳）岩波書店
新村出・柊源一（校・注）（一九九三）『吉利支丹文学集（二）』平凡社
高瀬弘一郎（一九九八）「古文献に拠る日本ポルトガル交流史―トメ・ピレス、新井白石、転び伴天連岡本三右衛門」『三田評論』一〇〇五号、慶應義塾大学
高瀬弘一郎（二〇一七）『キリシタン時代のコレジオ』八木書店
高橋裕史（二〇〇六）『イエズス会の世界戦略』講談社
トメ・ピレス（一九六六）『大航海時代叢書Ⅴ　東方諸国記』生田滋・池上岑夫・加藤栄一・長岡新治郎他（訳）岩波書店
マルコ・ポーロ（二〇〇〇）『東方見聞録』愛宕松男（訳）平凡社
丸山徹（一九九三）「「大航海時代の語学書」としてのキリシタン文献」『南山国文論集』第一七号、南山大学国語学国文学会
三宅亨（二〇一二）「倭寇と王直」『桃山学院大学総合研究所紀要』三三号、桃山学院大学
宮崎正勝（二〇〇七）『黄金の島ジパング伝説』吉川弘文館
ジョアン・ロドリゲス（一九五五）『日本大文典』土井忠生（訳）岩波書店
ジョアン・ロドリゲス（一九九三）『日本語小文典（上）』池上岑夫（訳）岩波書店

■第二章

愛新覚羅溥儀（一九七七）『わが半生　上―「満州国」皇帝の自伝』小野忍（訳）筑摩書房

池上二良（一九六二）「ヨーロッパにある満州語文献について」『東洋学報』四五巻三号、東洋文庫

F.Varo（二〇〇二）「官話文法（一七〇三）」『或問』二号、近代東西言語文化接触研究会

榎一雄著作集編集委員会（編）（一九九三）『榎一雄著作集（四）東西交渉史Ⅰ』汲古書院

マーク・エリオット（二〇〇八）「ヨーロッパ、米国における満州学―過去、現在、未来」『東洋文化研究』一〇号、学習院大学

岡本さえ（二〇〇八）『イエズス会と中国知識人』山川出版社

何群雄（二〇〇〇）『中国語文法学事始―『馬氏文通』にいたるまでの在華宣教師の著書を中心に』三元社

朱鳳（二〇〇九）『モリソンの「華英・英華字典」と東西文化交流』白帝社

菅谷成子（二〇〇五）「スペイン領フィリピンにおける「中国人」」『東南アジア研究』四三巻四号、京都大学東南アジア研究研究所

杉本つとむ（一九七七）「高橋景保編「亜欧語鼎」の小察―江戸時代、アジア・ヨーロッパ語対訳辞典」『早稲田大学図書館紀要』一八号、早稲田大学図書館

ジョナサン・スペンス（一九九五）『マッテオ・リッチ　記憶の宮殿』古田島洋介（訳）平凡社

高田時雄（二〇〇一）「カトリック・ミッションの言語戦略と中国」『文学』二巻五号、岩波書店

千葉謙悟（二〇一〇）「来華宣教師の中国語教育―プレマール Notitia Linguae Sinicae（一七二〇）から」『文化交渉による変容の諸相』Institute for Cultural Interaction Studies, Kansai University

中国語学研究会（一九六九）『中国語学新辞典』光生社

永田小絵（二〇〇六）「中国清朝における翻訳者および翻訳対象の変遷」『通訳研究』六号、日本通訳学会

新居洋子（二〇一七）『イエズス会士と普遍の帝国―在華宣教師による文明の翻訳』名古屋大学出版会

エリオ・アントニオ・デ・ネブリハ（一九九六）『カスティリャ語文法』中岡省治（訳・解説）大阪外国語大学学術出版委員会

平川祐弘（一九六九）『マッテオ・リッチ伝　一〜三』平凡社

ブーヴェ（一九七〇）『康熙帝伝』後藤末雄（編）矢沢利彦（校正・注）平凡社

Sandra Breitenbach（二〇〇二）「イントロダクション FRANCISCO VARO の ARTE DE LA LINGUA MANDARINA その伝記的、歴史的、文法的状況」『或問』三号、近代東西言語文化接触研究会

森永貴子（二〇一〇）『イルクーツク商人とキャフタ貿易―帝政ロシアにおけるユーラシア商業』北海道大学出版会
矢沢利彦（編・訳）（一九七〇）『イエズス会士中国書簡集一康熙編』平凡社
八耳俊文（二〇〇五）「入華プロテスタント宣教師と日本の書物・西洋の書物」『或問』九号、近代東西言語文化接触研究会
柳澤明（二〇一七）「一七〜一九世紀の露清外交と媒介言語」『北東アジア研究』別冊、島根県立大学北東アジア地域研究センター

■第三章

朝比奈美知子（編訳）増子博調（解説）（二〇〇四）『フランスから見た幕末維新「イリュストラシオン日本関係記事集」から』東信堂
小野文（二〇〇七）「19世紀と書記法研究」『関西大学東西学術研究所紀要』四〇号
小川小百合（一九九六）「一九世紀西欧における琉球情報と宣教師」『キリシタン史の新発見』雄山閣出版
小川誉子美（二〇二二）「琉球‐パリ　日本語学習の息吹（一）琉球にたどり着いた宣教師」『ふらんす』十月号、第九七巻第一〇号、白水社
小川誉子美（二〇二二）「琉球‐パリ　日本語学習の息吹（二）幕府を驚かせたフランス政府通訳の誕生」『ふらんす』一一月号、第九七巻第十一号、白水社
小川誉子美（二〇二二）「琉球‐パリ　日本語学習の息吹（三）フランスを救った〈養蚕秘録〉」『ふらんす』一二月号、第九七巻第一二号、白水社
小川誉子美（二〇二三）「琉球‐パリ　日本語学習の息吹（四）日本学の始祖　レオン・ド・ロニー」『ふらんす』一月号、第九八巻第一号、白水社
小川誉子美（二〇二三）「琉球‐パリ　日本語学習の息吹（五）医師ムリエの科学研究」『ふらんす』二月号、第九八巻第二号、白水社
小川誉子美（二〇二三）「琉球‐パリ　日本語学習の息吹（六）ギメの東洋語学校とジャポニスム」『ふらんす』三月号、第九八巻第三号、白水社
河元由美子（二〇〇四）「メドハーストの和英英和語彙集―その利用のされ方」『英学史研究』三六号、日本英学史学会
木津祐子（二〇〇二）「ベッテルハイムと中国語―琉球における官話使用の一端を探る」『総合文化研究所紀要』一九号、同志社

女子大学総合文化研究所
喜名朝昭・伊波和正・森庸夫・高橋俊三（訳）（一九八〇）「〈翻訳〉ベッテルハイム著「琉球語と日本語の文法要綱（一）」『南島文化』二号、沖縄国際大学
許海華（二〇一四）「長崎唐通事何礼之の英語習得」『関西大学東西学術研究所紀要』四四号
澤護（一九九九）「メルメ・カションに関する若干の資料」『敬愛大学研究論集』五六号
坂出祥伸（一九九四）『東西シノロジー』東方書店
塩山正純（二〇一八）「近代西洋人がみた〝官話〟の諸相—一九世紀の中国語研究書の記述を中心に」『言語と文化』六四号、愛知大学語学教育研究室
朱鳳（二〇〇九）『モリソンの「華英・英華字典」と東西文化交流』白帝社
竹越孝（二〇一五）「『一百條』・『清文指要』対照テキスト（一）」『KOTONOHA』第一四九号、古代文字資料館
高田時雄（二〇〇一）「トマス・ウェイドと北京語の勝利」『シンポジウム西洋近代と中国』京都大学学術出版会
張子康（二〇一九）「十九世紀琉球国の西洋語通事」『史林』一〇二巻三号、史学研究会
程永超（二〇一二）「羅森の目に映った「鎖国」と「開国」の日本」『アジアの歴史と文化』一六号、山口大学アジア歴史・文化研究会
富田仁（一九八三）『日本のフランス文化』白地社
永田小絵（二〇〇六）「中国清朝における翻訳者および翻訳対象の変遷」『通訳研究』六号、日本通訳学会
中間和洋（二〇一四）「19世紀前半広東におけるプロテスタント系入華宣教師についての一考察」『教職研究』二四号、立教大学教職課程
波平恒男（二〇一八）「琉球人の近代西洋との最初の出会い—バジル・ホール著『朝鮮・琉球航海記』（一八一八）を中心に」『北東アジア研究』別冊、島根県立大学北東アジア地域研究センター
藤田益子（二〇〇八）「トーマス・ウエードと漢語会話テキスト—『語言自邇集』の言語観—（二）『語言自邇集』、『問答篇』、『三合語録』、『清文指要』、『初學指南』の対照」『新潟大学国際センター紀要』四号、新潟大学国際センター
ル・ルーブレンダン（二〇一四）「仏人宣教師メルメ・カションの『仏英和辞典』について」『帝京大学外国語外国文化』七号、東京大学外国語学部外国語学科
フォルカード（一九九三）『幕末日仏交流記—フォルカード神父の琉球日記』中島昭子・小川早百合（訳）中央公論社

クリスチャン・ポラック（二〇〇一）『絹と光―知られざる日仏交流100年の歴史（江戸時代～一九五〇年代）』在日フランス商工会議所（編）石塚里奈ほか（訳）アシェット婦人画報社
フランシスク・マルナス（一九八五）『日本キリスト教復活史』久野桂一郎（訳）みすず書房
宮里厚子（二〇一四）「（翻訳）ルイ・テオドール・フューレの手紙―フランス人宣教師の見た一八五〇年代の琉球」『国際琉球沖縄論集』三号、琉球大学島嶼地域科学研究所
宮里厚子（二〇一七）「19世紀におけるフランス人宣教師の琉球滞在について―宣教活動と語学学習を中心に」『仏蘭西学研究』四三号、日本仏学史学会
宮里厚子（二〇二二）「琉球王国におけるフュレ神父の足跡」『島嶼地域科学』二号、琉球大学島嶼地域科学研究所
八耳俊文（二〇〇五）「入華プロテスタント宣教師と日本の書物・西洋の書物」『或問』九号、近代東西言語文化接触研究会
山口栄鉄（二〇一六）『英人バジル・ホールと大琉球　来琉二百周年を記念して』不二出版
山下重一（一九九九）「琉球英語通事・安仁屋政輔」『英語史研究』三二号、日本英語史学会

■第四章

荒川清秀（一九九八）「ロプシャイト英華字典の訳語の来源をめぐって―地理学用語を中心に」『文明』二一号、愛知大学国際コミュニケーション学会
サミュエル・ウイリアムズ（一九七〇）『ペリー日本遠征随行記』洞富雄（訳）雄松堂
岡部一興編（二〇〇九）『ヘボン在日書簡全集』高谷道男・有地美子（訳）教文館
岡部一興（二〇一六）「聖書和訳とヘボン」『明治学院大学キリスト教研究所紀要』四八号、明治学院大学キリスト教研究所
合衆国海軍省（編）（一九五三）『ペリー提督日本遠征記』大羽綾子（訳）法政大学出版局
川本皓嗣（二〇一一）「漢文訓読とは何か―翻訳論と比較文化論の視点から」『大手前大学論集』一一号、大手前大学
河元由美子（二〇〇四）「メドハーストの『英和和英語彙集』―その利用のされ方」『英学史研究』三六号、日本英学史学会
喜多田久仁彦（二〇一六）「唐通事の中国語について」『研究論叢』八七号、国際言語平和研究所
木村直樹（二〇一二）『通訳たちの幕末維新』吉川弘文館
W・E・グリフィス（一九八五）『われに百の命あらば―中国・アメリカ・日本の教育にささげたS．R．ブラウンの生涯』渡辺省三（訳）キリスト教新聞

高継芬（二〇一三）「漱石作品が漢文学からうけた影響」『九州看護福祉大学紀要』一四巻一号
佐藤進・小方伴子（編）（二〇二〇）『講座　近代日本と漢学　第七巻　漢学と日本語』戎光祥
夏目金之助（二〇一七）『定本漱石全集』第九巻　岩波書店
西川武臣、伊藤泉美（二〇〇二）『開国日本と横浜中華街』大修館書店
陶徳民（二〇二〇）『松陰とペリー―下田密航をめぐる多言語的考察』関西大学出版部
早川勇（一九九五）「内閣文庫のウェブスター系辞書」『英学史研究』二八号、日本英学史学会
平井一弘（一九九九）「福沢諭吉『増訂華英通語』の「音訳」と「義訳」」『大妻女子大学紀要・文系』三一号、大妻女子大学
ブラウン（一九六五）『S.R.ブラウン書簡集―幕末明治初期宣教記録』高谷道男（編訳）日本キリスト教団出版部
マシュー・C・ペリー（一九九六）『ペリー提督日本遠征日記』木原悦子（訳）小学館
馮瑞玉（二〇〇一）「辛亥革命を支えた英国籍の中国人」『しにか』一二巻九号、大修館書店
御手洗昭治（一九九四）『黒船以前―アメリカの対日政策はそこから始まった!!』第一書房
宮田和子（二〇一〇）『英華辞典の総合的研究―一九世紀を中心として』白帝社
森岡健二（一九六五）「訳語形成期におけるロブシャイド英華字典の影響」『東京女子大學附屬比較文化研究所紀要』一九号、東京女子大学
森岡ゆかり（二〇一五）『文豪の漢文旅日記―鴎外の渡欧、漱石の房総』新典社
矢放昭文（二〇一五）「福澤諭吉と『増訂華英通語』」『京都産業大学日本文化研究所紀要』二〇号、京都産業大学日本文化研究所
山田孝雄（一九四〇）『国語の中に於ける漢語の研究』宝文館
吉田松陰・山口県教育会（一九九二）『吉田松陰全集』第十巻、大和書房
吉野政治（二〇一八）「ヘボンと奥野昌綱」『総合文化研究所紀要』三五号、同志社女子大学
吉野政治（二〇一九）「ヘボン訳福音書の訳文の成立―マルコ伝を中心に」『同志社女子大学大学院文学研究科紀要』一九号
Chen Rongting（二〇〇八）「開港場横浜における中国買弁商人の機能と役割―「横浜ことば」の由来になった彼らの通訳・翻訳を中心に」『港湾経済研究』四七号、日本港湾経済学会

■第五章
朝比奈美知子（編訳）増子博調（解説）（二〇〇四）『フランスから見た幕末維新「イリュストラシオン日本関係記事集」から』東信堂
飯田史也（二〇〇四）「一八七三年第一回国際東洋学者会議に関する史的考察─会員構成及び組織運営を中心にして」『福岡教育大学紀要』第四分冊、教職科編、福岡教育大学
伊ヶ崎泰枝（二〇一九）「二人の独学者レオン・ド・ロニーと村上英俊─日本語教育とフランス語教育の源流」『広島大学フランス文学研究』三八号、広島大学フランス文学研究会
石崎博志（二〇〇八）「クラプロートの琉球語研究について」『日本東洋文化論集』六号、琉球大学法文学部
マーク・エリオット（二〇〇八）「ヨーロッパ・米国における満州学─過去、現在、未来」『東洋文化研究』一〇号、学習院大学
加藤徹（二〇〇六）『漢文の素養─誰が日本文化をつくったのか？』光文社
楠家重敏（二〇一七）『幕末の言語革命』晃洋書房
ピーター・コーニツキー（二〇一八）『海を渡った日本書籍─ヨーロッパへ、そして幕末・明治のロンドンで』平凡社
佐藤文衛（一九七二）「レオン・ド・ロニー─フランスにおける日本研究の先駆者」『上智大学仏語・仏文学論集』七号、上智大学
朱鳳（二〇〇九）『モリソンの「華英・英華字典」と東西文化交流』白帝社
シーボルト（一九七七）『日本』中井晶夫（訳）第一巻、雄松堂書店
シーボルト（二〇〇九）『シーボルトの日本報告』栗原福也（訳）平凡社
高田時雄（一九九六）『東洋学の系譜　欧米篇』大修館書店
フランツ・バビンガー（一九八六）「ホフマン伝（一）─ヴュルツブルクの一東洋学者」古田啓（訳）『日本語学』五巻六号
フランツ・バビンガー（一九八六）「ホフマン伝（二）─ヴュルツブルクの一東洋学者」古田啓（訳）『日本語学』五巻七号
フォス美弥子（一九九七）「幕末期のオランダ語・日本語事情Ⅰ」『論集　日本の洋学Ⅳ』清文堂
フォス美弥子（二〇〇〇）「幕末期のオランダ語・日本語事情Ⅱ」『論集　日本の洋学Ⅴ』清文堂
福沢諭吉（著）富田正文（校訂）（一九七八）『新訂　福翁自伝』岩波書店
ホフマン（一九六八）『日本語文典』三沢光博（訳）明治書院
W・J・ボート（二〇〇九）「ライデンにおける東アジア研究の由来と発展　一八三〇－一九四五」『東アジア文化交渉研究別

冊』四号、関西大学

ル・ルーブレンダン（二〇一九）「ジャパノロジーことはじめ―パリ外国宣教会の日本学とその背景」友田昌宏（編）『幕末維新期の日本と世界―外交経験と相互認識』吉川弘文館

町泉寿郎（編）（二〇二一）『レオン・ド・ロニーと一九世紀欧州東洋学―旧蔵漢籍の目録と研究』汲古書院

松原秀一（一九八六）「レオン・ド・ロニ略伝」『近代日本研究』三号、慶應義塾福澤研究センター

丸山眞男・加藤周一（一九九八）『翻訳と日本の近代』岩波書店

宮永孝（一九八四）「ヨハン・ヨゼフ・ホフマン―ライデンの日本語学者」『法政大学教養部紀要』五〇号、法政大学教養部

森川甫（一九八三）「ロニ東洋語学校日本語講座開講講演（一八六三）」『関西学院大学社会学部紀要』四七号、関西学院大学社会学部研究会

山田利明（一九九九）『中国学の歩み―二十世紀のシノロジー』大修館書店

Willy F. Vande Walle (2021) Between Sinology and Japanology: Léon de Rosny and Oriental Studies in France, *Journal of cultural interaction in east Asia*, De Gruyter

人名索引

事項索引

【著者紹介】

小川誉子美（おがわ よしみ）

岐阜県生まれ。早稲田大学第一文学部卒業、筑波大学大学院地域研究研究科修士課程修了。ソフィア大学、ヘルシンキ大学等を経て、現在横浜国立大学教授。専門は日本語教育学、日本語教育史。博士（政策・メディア、慶應義塾大学）。
主な著書・論文に『蚕と戦争と日本語』（2020、ひつじ書房）、『欧州における戦前の日本語講座』（2010、風間書房）、「冷戦時代のソ連の日本語研究・日本語教育」『ことばと文字』16号（2023、くろしお出版）、「琉球 - パリ　日本語学習の息吹（1）～（6）」（連載）『ふらんす』（2022～2023、白水社）、「日本におけるフィンランドの紹介」『日本とフィンランドの出会いとつながり』（2019、大学教育出版）などがある。

開国前夜、日欧をつないだのは漢字だった
―東西交流と日本語との出会い

Kanji-Mediated Encounters: The Linguistic Bridge between Europe and Japan on the Eve of its Opening
Ogawa Yoshimi

発行	2023年6月30日　初版1刷
定価	2700円＋税
著者	© 小川誉子美
発行者	松本功
装丁者	三好誠（ジャンボスペシャル）
印刷・製本所	亜細亜印刷株式会社
発行所	株式会社 ひつじ書房
	〒112-0011 東京都文京区千石 2-1-2 大和ビル 2F
	Tel.03-5319-4916　Fax.03-5319-4917
	郵便振替 00120-8-142852
	toiawase@hituzi.co.jp　https://www.hituzi.co.jp/

ISBN978-4-8234-1189-2

ひつじ書房　刊行物のご案内

清国人日本留学生の言語文化接触
相互誤解の日中教育文化交流

酒井順一郎 著　定価4,700円＋税

明治期、列強諸国に学ぶことに力を注ぐ日本。その最中、思いもよらず清国から多数の留学生が来日する。初の海外体験と近代教育を受ける清国人留学生、初の留学生教育を経験する嘉納治五郎と日本教育界、それぞれの戸惑い、苦悩、喜び、発見は一体何であったか。特に思い込みからくる相互誤解、留学生から突きつけられた日本語への疑問、日本社会から孤立していく留学生に手を差し伸べた日本人娼妓達等、ユニークな視点から教育文化交流を論じる注目の書。

ひつじ書房　刊行物のご案内

日本語を学ぶ中国八路軍

我ガ軍ハ日本下士兵ヲ殺害セズ

酒井順一郎 著　定価 2,600 円＋税

戦争は兵士による武器の戦いだけではない。言語の戦いもある。日中戦争の際、中国八路軍は、日本語を武器として扱った。日本人将兵に対して、投降や降伏さらには協力者を作るために日本語で工作をするためであった。そのために八路軍は将兵に日本語教育を行い、これを駆使し日本人将兵の心に響く説得工作を行った。本書ではこれまで、ほとんど知られていなかった戦場における八路軍敵軍工作の日本語教育について明らかにする。